DIE SOGENANNTE RECHTSCHREIBREFORM
EIN SCHILDBÜRGERSTREICH

Theodor Ickler

Die sogenannte Rechtschreibreform

Ein Schildbürgerstreich

LEIBNIZ VERLAG

MATTHIAS DRÄGER

ST. GOAR

Umschlagbild: „Die Kuh auf der hohen Mauer", aus „Die Schildbürger",
nacherzählt von Erich Kästner, illustriert von Horst Lemke. Mit
freundlicher Genehmigung des Atrium Verlages, Hamburg.

Die Deutsche Bibliothek – CIP-Einheitsaufnahme

Ickler, Theodor:
Die sogenannte Rechtschreibreform : ein Schildbürgerstreich
/ Theodor Ickler. – 1. Aufl. – St. Goar : Leibniz-Verl., 1997
ISBN 3-931155-09-9

ISO 9706

1. Auflage, 1.–2. Tsd. 1997

© 1997 by Leibniz Verlag Matthias Dräger, 56329 St. Goar
Satz: Leibniz Verlag. Schrift: Stempel-Garamond/Linotype
Gesamtherstellung: Otto W. Zluhan, Bietigheim
Gedruckt auf säurefreiem, alterungsbeständigem Papier

ISBN 3-931155-09-9

INHALT

Vorspiel

Wir schreiben das Jahr 2005. In der vierten Klasse einer Grundschule werden die Diktathefte zurückgegeben. Ein Mädchen, dessen Leistungen neuerdings zu wünschen übriglassen, weil es wohl etwas zu viel Zeit mit Lesen verbringt, starrt mit düsterer Miene auf die vielen roten Anstreichungen. Sie hatte geschrieben:

Da stand der Bettler in seinem selbstgemachten Kleid
staunend vor all dem Zierat. Er tat dem König sehr leid.

Drei Fehler in zwei Zeilen! Das ist das Zünglein an der Waage. Leider können die Lehrerinnen keine Empfehlung für den Übertritt ins Gymnasium aussprechen, denn irgendwo muß ja die Grenze gezogen werden. Ein Lebensweg entscheidet sich an dieser Weichenstellung, nur weil das belesene Kind ein paar Wörter falsch – nämlich richtig – geschrieben hat.

Eine Reform wird geboren

Pfingstwunder

Im November 1994 schloß ein Internationaler Arbeitskreis für Orthographie seine Arbeit ab und stellte das Ergebnis – den Entwurf einer Rechtschreibreform – in Wien der Öffentlichkeit vor. Vorausgegangen waren neun weitere Tagungen seit dem Jahre 1980. In Wirklichkeit reichte die Reformarbeit viel weiter zurück, doch soll diese verwickelte Geschichte hier nicht nacherzählt werden. Erwähnenswert ist allenfalls, daß die Reformbemühungen um 1970 einen neuen Anstoß bekommen hatten, der bis heute nachzittert. Es war die Zeit der „emanzipatorischen Pädagogik" und der hessischen Rahmenrichtlinien, denen es darauf ankam, sprachliche und andere Normen als „veränderbar" darzustellen. Die im Laufe der Zeit etwas kompliziert gewordene Duden-Rechtschreibung schien dem berechtigten Wunsch im Wege zu stehen, die Bildungsreserven der ärmeren und nichtakademischen Gesellschaftsschichten auszuschöpfen. Der Gedanke einer Rechtschreibreform wurde im Eifer jener Tage fast ganz auf die Einführung der Kleinschreibung verkürzt. Gesellschaftspolitische Vorstellungen beherrschten die Diskussion, etwa auf einem Kongreß „vernünftiger schreiben", den der Verband der Schriftsteller (VdS), die Gewerkschaft Erziehung und Wissenschaft (GEW) und das deutsche PEN-Zentrum im Jahre 1973 veranstalteten. Wissenschaftliche Argumente spielten keine große Rolle, da die Reformwilligen sich ohnehin als Vorhut des historischen Fortschritts fühlten. Kritiker der Kleinschreibung wurden beschimpft: Sie seien „dem traditionellen bildungserbe der kaiserzeit verhaftet". Nur die „ewig-gestrigen", zum „analen zwangscharakter" deformiert, hingen noch am „rohrstockersatz" Rechtschreibung. „Sie haben die macht, ihre irrationalen liebhabereien der gesamtbevölkerung aufzuzwingen".[1] „Die reaktionäre großschreibung fällt nicht, wenn wir sie nicht niederschlagen!" Warum ein Detail wie die (eigentlich ja mittelalterliche) Kleinschreibung der Substantive zur zentralen Forderung progressiver Politik werden konnte, läßt sich heute kaum noch verstehen.

Ein Redner erzählte damals folgende herzergreifende Geschichte:

> „Es ist nicht gelogen, ein lehrer, der später schulrat wurde, hat seine erste liebesgeschichte spontan abgebrochen, als er von seiner freundin einen brief mit ein paar orthographischen fehlern bekam."

Rückblickend wird jeder fühlende Mensch die junge Frau beglückwünschen, daß ihr ein solcher Gatte erspart blieb, auch wenn er als späterer Schulrat zweifellos eine gute Partie gewesen wäre. Aber muß man gleich, um solche zweideutigen Vorfälle zu verhindern, die ganze in Jahrhunderten gewachsene Rechtschreibung umkrempeln? Würde es nicht genügen, die lehrertypische Wertschätzung orthographischer Höchstleistungen zu ändern?

Auf der Gegenseite sah mancher (wie Karl Korn in der Frankfurter Allgemeinen Zeitung) mit der Reform den Untergang des Abendlandes heraufziehen. Aus einiger Entfernung nehmen sich beide Erwartungen gleich übertrieben aus, und auch die polemischen Argumente klingen heute reichlich exotisch. Nur manchmal tönt das alte Pathos noch in unsere Zeit herüber. So verstieg sich der Geschäftsführer der Gesellschaft für deutsche Sprache zu der Behauptung, jede Polemik gegen den seinerzeit vorliegenden (inzwischen natürlich längst überholten) Reformentwurf verzögere die „dringend gebotene Reform" und gehe daher „in verantwortungsloser Weise zu Lasten der nachfolgenden Generationen"![2] Auch der eine oder andere, der von der Veröffentlichung orthographischer Wörterbücher und anderer Hilfsmittel profitiert, schlägt noch heute gern diesen Ton an, doch ist die Interessenlage hier so eindeutig, daß sich ein Kommentar meist erübrigt. Ein Autor, von dem sich später herausstellte, daß er der Herausgeber eines der neuen Rechtschreibwörterbücher war, erwartete in einem Leserbrief an die Süddeutsche Zeitung, daß junge und alte Menschen nach der Rechtschreibreform wieder Lust haben würden, „Briefe, Tagebücher oder Gedichte zu schreiben"[3] – ein kleines Pfingstwunder.

Insgesamt ist von jener Diskussion ein rhetorisches Ungleichgewicht zurückgeblieben: Befürworter einer jeden Rechtschreibreform, und sei es die reaktionärste, gelten als fortschrittlich, Kritiker als stockkonservativ. So kommt es, daß „Progressive" auch heute noch verhältnismäßig schwer dafür zu gewinnen sind, sich kritisch mit dem vorliegenden Reformentwurf zu beschäftigen.

Hinter verschlossenen Türen

Entwürfe für eine Rechtschreibreform waren im Laufe der Jahre immer wieder einmal vorgelegt worden; Wolfgang Mentrup (1993) zählt rund hundert seit 1902. Schon Konrad Dudens Vorstellungen von einer zweckmäßigen Rechtschreibung gingen weit über das hinaus, was auf der Zweiten Orthographischen Konferenz im Jahre 1901 beschlossen worden war und seither als verbindlich galt. Irgendwann wurde der Gedanke wiederbelebt, nicht die Länge der Vokale besonders zu kennzeichnen, sondern nur die Kürze. Also: *Al*, *Bot*, aber *All*, *Gott*. Auch könnte man den Zwielaut *ai* durchgehend als *ei* wiedergeben: *Keiser*, *Mei* - wie es im Mittelalter üblich gewesen war. Wann immer solche Vorschläge bekannt wurden, erhob sich ein Sturm der Entrüstung und des Spottes und bestätigte eine alte Einsicht: Zwar beklagt sich jeder über die Kompliziertheit der Rechtschreibung, aber wenn es ans Ändern geht, sind fast alle dagegen. Dahinter steht natürlich die Macht der Gewohnheit, die ihrer Natur nach nicht gut die Form eines wohlbegründeten Arguments annehmen kann, sondern sich als Spott und Polemik Gehör zu verschaffen pflegt. Ein wenig tiefer dringt der Gedanke, daß jeder Eingriff in die gewohnte Schreibweise den ungeheuren Bestand des bereits Gedruckten buchstäblich „alt aussehen" lassen könnte. Schon der Übergang von der Fraktur zur Antiqua[4] hatte ja diese Nebenwirkung, und heutige Hochschullehrer müssen feststellen, daß ihre Studenten sich mit Literatur in „altdeutscher" Schrift nur sehr ungern beschäftigen. Horst H. Munske sagt sehr treffend:

> „Obwohl sich das Lesen der Fraktur leicht lernen läßt, bedeutet es der überwiegenden Mehrheit derer, die nicht philologisch mit sprachlichen Quellen umgehen, eine Erschwernis und ein faktisches Lesehindernis. Damit ist genau das eingetreten, was von den Gegnern sonstiger Reformen eingewandt wird: daß die Bibliotheken früher gedruckter Werke nicht mehr gelesen werden."[5]

Wenn also 1973 behauptet wurde, die Kleinschreibung stelle keinen wesentlichen Eingriff in die Tradition dar, weil sonst ein „Bruch der Kulturtradition auch beim Übergang von der Frakturschrift zu lateinischen Schrift hätte auftreten müssen", so kann man nur antworten, daß dies in der Tat geschehen ist.[6]

Sprache und Schrift nimmt man gewöhnlich als etwas gleichsam Naturgegebenes hin. Jede Neuerung scheint zunächst falsch, albern, geschmacklos zu sein. So widerfuhr es den Sprachreinigern mit ihren Eindeutschungsversuchen. Als Joachim Heinrich Campe 1789 die Eindeutschung *Zerrbild* (für *Karikatur*) vorschlug, stieß er auf den erbitterten Widerstand der gebildeten Zeitgenossen und gab seiner Erfindung selbst keine große Chance, so kühn schien sie ihm. Wir können das kaum noch nachempfinden, denn nichts scheint uns natürlicher und treffender als das Wort *Zerrbild*. Ähnlich geht es mit eingedeutschten Schreibweisen. Irgendwann muß auch die Schreibung *Streik, Büro* oder *Frisör* etwas unerhört Gewagtes gewesen sein. Es ist eben alles eine Sache der Gewöhnung. Oder gibt es Dinge, an die man sich nicht gewöhnen kann? Wir werden sehen.

Wäre nicht die alles beherrschende Tatsache der Gewohnheit – jeder Sprachwissenschaftler wüßte, was er zu tun hätte, um den Deutschen eine vernünftigere Rechtschreibung zu verschaffen. Man löse den Buchstaben *x* in *ks* auf (*Hekse*) und verwende das freigewordene *x* zur Wiedergabe des *ich/ach*-Lautes (*laxen bzw. laxxen, Händxen*); *ck* ist selbstverständlich durch *kk* zu ersetzen (*bakken*) usw. – Länger als eine halbe Stunde braucht man nicht für die Ausarbeitung einer solchen Rechtschreibreform. Leider wollen die Begünstigten davon nichts wissen.

Dieselben Menschen also, denen eine Rechtschreibreform zugute kommen sollte, würden sich – das war abzusehen – gegen jede Veränderung, und sei es die vernünftigste, zur Wehr setzen. Man mußte sie folglich zu ihrem Glück zwingen oder wenigstens überlisten. Diese Einsicht bestimmte schon in den fünfziger Jahren das strategische Vorgehen der Reformwilligen. Dabei ließen sie sich von einigen schmerzlichen Erfahrungen leiten. Hiltraud Strunk erzählt, wie eine schön ausgedachte Rechtschreibreform auf die lächerlichste Weise zu Fall gebracht wurde. Die „Stuttgarter Empfehlungen" von 1954 gerieten nämlich durch die „Indiskretion" eines einzigen Journalisten (W. E. Süskind hieß der Unhold) in die Presse, wurden augenblicklich und zum Teil unter Verwendung falscher Beispiele mit Hohn und Spott übergossen und hatten fortan nicht mehr die geringste Aussicht auf Verwirklichung.

Der Fall ist lehrreich. Einerseits kann man die Empörung der beteiligten Wissenschaftler verstehen, denn es ist gewiß unfair, einen Reformvorschlag ohne Berücksichtigung der dahinterstehenden Überlegungen und Begründungen in dieser populistischen Weise abzufertigen. Andererseits muß die „Diskretion" oder „Vertraulichkeit", die von allen an der Reform Beteiligten gefordert wird, Verdacht wecken; sie hat etwas Undemokratisches, geradezu Konspiratives. Kann denn eine Angelegenheit, die schließlich jeden betrifft, hinter verschlossenen Türen beraten werden? Während über den Staatshaushalt öffentlich debattiert wird, soll die Rechtschreibung Geheimsache sein dürfen? Wir haben gesehen, welche Erfahrungen und Erwägungen hinter dieser Strategie stehen, aber es bleibt bei allem Verständnis ein tiefes Unbehagen. Sollte es wirklich ganz unmöglich sein, der angeblich von vornherein inkompetenten und verstockten Bevölkerung gewisse Änderungen der Schreibweise plausibel zu machen, statt sie mit vollendeten Tatsachen und staatlichen Machtmitteln zu überrumpeln?

Von einer sonderbaren Wiederholung der Geschichte erzählt der Reformer Hermann Zabel: Der Reformentwurf von 1988 scheiterte daran, daß die Frankfurter Allgemeine Zeitung in ihrer unendlichen Bosheit einen Bericht des Reformers August nicht – wie angeblich vereinbart – am Tage der Übergabe des Reformpakets, sondern schon ein Vierteljahr früher abdruckte.[7] Dies soll zu einer monatelangen Diskussion geführt haben und schließlich zur Umarbeitung des ganzen Entwurfs, obwohl die Kritik, wenn man Zabel folgt, größtenteils unberechtigt war.

Seither sind die Reformer auf die Medien nicht gut zu sprechen. Zabel äußert sich immer wieder geringschätzig über die „schreibende Zunft". Zwei Schweizer Reformer stellen fest:

„Die Einführung der Neuregelung läuft – leider – ohne die Kommission, stattdessen werden die Debatten in den Medien ausgefochten. Nichts ist bedauerlicher als das."[8]

17

Warum sollte das so überaus bedauerlich sein, und was ist das überhaupt für eine Einstellung zur Öffentlichkeit?

Zabel beklagt in einem Bericht über „die Wiener Gespräche im Spiegel der Presse" auch, daß Journalisten nach dem November 1994 Reformpunkte kritisiert hätten, die gar nicht mehr aktuell waren. Im gleichen Atemzug stellt er triumphierend fest, daß außer den Mitgliedern des Arbeitskreises niemand die in Wien verabschiedeten Vorschläge kennen konnte.[9] So war es in der Tat. Jede authentische Information war damals und noch für längere Zeit nur von den Reformern selbst zu erhalten. Zabel erzählt, was die Presse über die Reform sagte; er berichtet aber nicht, was die Reformer der Presse mitzuteilen für gut befunden hatten.[10] Damit wurde eine Strategie wirksam, die spätestens vierzig Jahre zuvor entwickelt worden war. H. Strunk, eine Schülerin des Reformers Gerhard Augst, kommentiert den geheimnistuerischen Charakter einer Pressemitteilung beim Reformversuch von 1956 so:

> „Der Verzicht auf jegliche inhaltliche Information war nach den bisherigen Erfahrungen sicher richtig."[11]

Die Ergebnisse der Wiener Konferenz wurden dennoch zunächst vergleichsweise wohlwollend aufgenommen. Man war ja seit vielen Jahren auf „Vereinfachungen" der geltenden Rechtschreibung vorbereitet worden. So hatte es wieder und wieder geheißen:

> „Die Empfehlungen des Internationalen Arbeitskreises für Orthographie sehen eine Fülle von Vereinfachungen vor."[12]

Vereinfachungen waren es auch, die im Anschluß an die Konferenz besonders herausgestellt wurden. Sie sollten im wesentlichen durch Beseitigung von Ausnahmen zustande kommen. Vorgesehen waren zum Beispiel *Zigarrette* (wie *Zigarre*), *Packet* (wie *packen*) usw. Ich habe hier absichtlich zwei

Beispiele angeführt, die dann im letzten Augenblick noch zurückgenommen werden mußten; mit den wirklich durchgedrungenen Änderungen wollen wir uns später beschäftigen. Man sieht schon an diesen beiden Wörtern, daß der Grundsatz der „Analogie" zu umfassender Geltung kommen sollte, also die Gleichbehandlung miteinander verwandter Formen. Die Hoffnung, dadurch das Schreiben zu erleichtern, war nicht unbegründet. Sie wurde durch ausgewählte Beispiele verstärkt, die man der Presse übergab und die dann Ende November/Anfang Dezember 1994 in allen Tages- und Wochenzeitungen des deutschen Sprachraumes wiedergegeben und auch mehr oder weniger eingehend kommentiert wurden.

Wer sich mit den Tücken der Rechtschreibung ein wenig auskannte, konnte den Einzelbeispielen nur wenig Interesse entgegenbringen. Ob man *Gemse* oder *Gämse* schreibt, *Stukkateur* oder *Stuckateur*, ist ziemlich gleichgültig. Von größerer Bedeutung sind die eigentlichen Regeln, die durch ihre Allgemeinheit eine unbestimmte Menge Wörter aus dem unerschöpflichen Vorrat unserer Sprache betreffen. Das Regelwerk jedoch befand sich noch für längere Zeit in redaktioneller Bearbeitung, ebenso wie das angekündigte Wörterverzeichnis. Dieser Teil spielte daher in den ersten Diskussionen praktisch keine Rolle. Wer sich mit Fragen und Einwänden an die Reformer wandte, wurde auf die Endfassung vertröstet.

Die Zeit verging, einige Reformer brachten schon eigene Schriften heraus, in denen sie ihr Insiderwissen privat vermarkteten – womit sie übrigens gegen eine mündliche Absprache des Arbeitskreises verstießen. Endlich erschienen Regelwerk und Wörterverzeichnis, in einem sprachwissenschaftlichen Spezialverlag eher versteckt als veröffentlicht, darüber hinaus auch mit zahlreichen Fehlern behaftet. (Zum Beispiel beherrschten die Verfasser ihre eigene neue Rechtschreibung noch nicht.) Das war im Juli 1995, mitten in den Sommerferien – auch zog der

Kruzifixstreit fast alle Aufmerksamkeit auf sich – und wenige Wochen vor den avisierten endgültigen Beschlüssen der Kultusminister. Noch im Herbst 1995 war das Buch sogar in Universitätsbuchhandlungen unbekannt. Neben der Kasse lag jedoch gleich nach den Wiener Beschlüssen überall eine Dudenbroschüre „Informationen zur neuen deutschen Rechtschreibung". Noch knapper als diese von den Schweizer Reformern sowie Gerhard Augst verfaßte Informationsschrift war eine Sondernummer des „Sprachreports", herausgegeben vom Institut für deutsche Sprache in Mannheim und verfaßt von Klaus Heller, einem anderen Reformer, dessen Text seither noch in vielen anderen Medien abgedruckt wurde.

Zu diesem Zeitpunkt war neben vereinzelter fachlicher Kritik auch ein verbreitetes Wohlwollen festzustellen. Die Reformpropaganda arbeitet ja seit Jahren mit einem ebenso simplen wie wirkungsvollen Trick: Die **vereinfachte Darstellung** der Regeln wird als Darstellung **vereinfachter Regeln** ausgegeben. Art und Inhalt der neuen Regeln konnte man aber nach jenen Heftchen kaum erahnen. Eine genauere Beschäftigung mit dem Reformwerk und eine breite öffentliche Diskussion waren also erfolgreich verhindert worden.

Die endlich erschienene Vorlage erwies sich übrigens als ein ziemlich schwerverständliches Dokument, mit dessen vollständiger Durchdringung selbst Sprachwissenschaftler und Wörterbuchmacher ihre Probleme haben. Die schweizerischen Reformer Gallmann und Sitta schreiben darüber in ihrem Handbuch:

> „Der Text ist schwer lesbar. Das hängt nicht zuletzt damit zusammen, dass sich seine Formulierungen an der Gesetzessprache ausrichten. Nicht ganz ohne Einfluss ist allerdings auch, dass viele Festlegungen Ergebnis von Kompromissen zwischen verschiedenen Ansätzen sind – und auch hier verderben viele Köche den Brei."[13]

Eine bemerkenswerte Mitteilung, an die wir uns erinnern wollen. Vorab läßt sich vermuten, daß die eigentümliche Mischung von Gesetzessprache und weitgehender Zurückdrängung sprachwissenschaftlicher Begriffe und Einsichten sich am ehesten erklärt, wenn man als eigentlichen Adressaten des Regelwerks nicht den Sprachbenutzer, sondern die Ministerialbürokratie annimmt. In jener „Stellungnahme", einem Schriftstück zur Verteidigung des Dudens gegen Angriffe der Konkurrenz, schreiben die beiden genannten Autoren:

> „Wir halten es für ein Unglück, dass nun in allen Rechtschreibwörterbüchern das amtliche Regelwerk abgedruckt wird. (...) Wir waren im Internationalen Arbeitskreis nie der Meinung, wir formulierten Regeln für den Alltagsschreiber. (...) Das Regelwerk ist weder für den Laienleser geschrieben noch für ihn lesbar."[14]

Ein erstaunliches Bekenntnis. Wäre die Absicht in Erfüllung gegangen, so hätte sich die gerade von den Reformern oft beklagte alte Situation fortgesetzt: Das eigentliche Regelwerk wäre für eine breitere Öffentlichkeit praktisch unzugänglich geblieben. An seine Stelle hätte sich die Auslegung durch die – nicht zuletzt auch geschäftlich denkenden – Reforminterpreten geschoben.

Die Durchsetzung der Reform wäre noch viel schneller gelungen, hätte nicht der bayerische Kultusminister auf der Rücknahme einiger Fremdworteindeutschungen bestanden. Im Herbst 1995 brachte dieser Schritt („bayerische Sonderwünsche", wie Zabel mißbilligend bemerkt, der aber letzten Endes allein dem „Spiegel" vorwirft, den Minister über den Tisch gezogen zu haben[15]) das ganze Reformunternehmen in die Nähe des Scheiterns, zumal die Öffentlichkeit allmählich aufmerksam zu werden drohte. Aber auch diese Operation gelang (dabei ließ ein Wörterbuchverlag Federn), und im Sommer 1996 unterzeichneten die deutschsprachigen Staaten eine „Absichtserklärung", der zufolge die Reform am 1. 8. 1998 in Kraft treten sollte. Nach einer Übergangszeit bis zum Ende des Schuljahres 2004/2005 sollte dann die Neuregelung allein gültig sein. Einige deutsche Bundesländer haben schon mit dem Schuljahresbeginn 1996 die Neuregelung zum Unterrichtsgegenstand in ihren Schulen zu machen versucht, wodurch allerdings nicht nur eine äußerst unklare Rechtslage entstanden ist, sondern eine allgemeine Verwirrung, auf die wir später einen Blick werfen werden. Festzuhalten ist an dieser Stelle, daß gerade das Vorpreschen einiger Kultusbehörden zahllose Eltern, Schüler und Lehrer erst dazu gebracht hat, sich mit dem Reformwerk näher zu beschäftigen. Rechtzeitig zum Beginn des Schuljahres waren auch die beiden umfangreichen Rechtschreibwörterbücher von Bertelsmann und Duden auf den Markt gekommen (das erstere buchstäblich über Nacht), so daß nunmehr eine bequemere Orientierung über den Inhalt und die Auswirkungen der Reform möglich wurde. Auch zeigten die Wörterbücher manche Einzelheit, die aus Regelwerk und Wörterverzeichnis nicht so einfach oder gar nicht herauszulesen war.

Dadurch entstand eine für die Betreiber und Befürworter der Reform, nicht zuletzt aber für diejenigen, die daran zu verdienen hofften, äußerst gefährliche Situation. Man kann sagen, daß der Inhalt der Rechtschreibreform noch im Sommer 1996, als die völkerrechtlich zwar nicht bindende, politisch und propagandistisch aber doch sehr wirkungsvolle Absichtserklärung unterzeichnet wurde, praktisch vollkommen unbekannt war. Selbst von Lehrern war selten etwas Genaueres zu erfahren als „Das ist doch schön, wenn alles ein bißchen einfacher wird, mit den Kommaregeln usw." In den Zeitungsberichten anläßlich der Absichtserklärung konnten die abenteuerlichsten Falschmeldungen über den Reforminhalt verbreitet werden, ohne daß sich auch nur eine einzige Richtigstellung als erforderlich erwies. Die

„Süddeutsche Zeitung" vom 2. 7. 1996 zum Beispiel belehrte ihre Leser gleich auf der Titelseite, daß zusammengesetzte Wörter nunmehr meist getrennt geschrieben werden sollten, und in einer Regionalzeitung konnte man noch im September 1996 als Überschrift lesen: „Esel bleibt ungetrennt". Aber mit solchem Unsinn war es kurz darauf vorbei. Sobald die Menschen anfingen, sich das Reformwerk näher anzusehen, fiel ihnen manche Ungereimtheit auf. Auch erinnerten sie sich nicht, um ihre Meinung zu dieser Reform gefragt worden zu sein. Wer hatte die neuen Regeln überhaupt ausgeheckt? Unmut kam auf. Und all dies geschah zwei Jahre vor dem Inkrafttreten der Reform! Für die Reformer wurde es brenzlig.

Von entscheidender Bedeutung war der Schritt des Lehrers und Schriftstellers Friedrich Denk, der auf der Frankfurter Buchmesse 1996 eine Erklärung gegen die Rechtschreibreform vorlegte. Sofort schlossen sich Hunderte von Schriftstellern, Verlegern, Wissenschaftlern und anderen Personen an. Die Ereignisse folgten nun dem schon bekannten Schema. Je mehr Einzelheiten des Reformwerkes bekannt wurden, desto einhelliger die Ablehnung. Man fühlte sich auch übertölpelt, man bestritt der Kultusbürokratie das Recht zu solchen Eingriffen.

„Was habt ihr denn da angestellt?"

Das in Reformangelegenheiten federführende „Institut für deutsche Sprache" (IDS) antwortete am 17. 10. 1996 auf die Frankfurter Erklärung mit einer Presse-Erklärung von beispielloser Arroganz: „Was manche Schriftsteller alles nicht wissen". Den Schriftstellern (nur diese werden erwähnt, nicht die anderen Unterzeichner) wird vorgeworfen, sie hätten keine Ahnung von den mehr als 1300 wissenschaftlichen Veröffentlichungen, die der Reform angeblich zugrunde liegen. Aus diesen Veröffentlichungen, unter denen sich durchaus wertvolle Arbeiten befinden, läßt sich im übrigen dies und das folgern; keinesfalls führen sie geradlinig zu einem bestimmten Reformvorschlag wie etwa dem nun vorliegenden. Die Presse-Erklärung schließt mit dem Satz:

„Die orthographischen Sorgen der Schriftsteller sind vermutlich nur Symptom für vielerlei Missbefindlichkeiten, die mit Rechtschreibung wenig zu tun haben."

Das ist die landesübliche Pathologisierung von Kritikern, in deren Seelenleben man per Ferndiagnose herumstochern zu können glaubt. Dazu passen geringschätzige Plurale wie *Aufgeregtheiten* und *Missbefindlichkeiten*. Wer wird sich ernsthaft mit Spinnern auseinandersetzen?

Das IDS erklärt:

„Nirgends wird erwähnt, dass das Institut für deutsche Sprache 1987 einen staatlichen Auftrag zur Erarbeitung der wissenschaftlichen Grundlagen für eine Neuregelung der Rechtschreibung erhielt, der 1991 noch einmal bekräftigt wurde."

In ganz ähnlicher Weise hebt der Reformer Zabel im Geleitwort zum Eduscho-Wörterbuch die staatliche Autorisierung der Reform gegen die Empörung eines „Teils der Öffentlichkeit" hervor. Die eigentümlich unpräzise Standardformel lautet „politisch legitimiert"[16]. Ein merkwürdig autoritärer Zungenschlag, der sich wohl nur aus einem argumentativen Notstand erklären läßt. Immerhin sind es die „Kunden", die von den Reformern als halsstarrige Ignoranten abgekanzelt werden, weil sie ein mangelhaftes Produkt nicht abnehmen wollen. Das kann sich nur erlauben, wer nicht den Bedingungen des freien Marktes ausgesetzt ist, sondern auf die Mechanismen einer Zentralverwaltungswirtschaft vertrauen darf. Sind etwa die Kultusminister, nur weil sie es schon einmal – im Jahre 1955 – getan haben, auf alle Zeiten „politisch legitimiert", die deutsche Rechtschreibung zu regeln? Die Reformer jedenfalls setzen in allen ihren Schriften undiskutiert voraus, daß der Staat die „Regelungsgewalt" zumindest über die Rechtschreibung in Schulen und Behörden besitze. Wieso eigentlich?

Eine eigentümliche Sprachauffassung äußert sich in dem Satz der Presseerklärung:

„Die Sprache selbst ist davon (d. h. von der Reform) nicht betroffen."

Wir werden sehen, daß die Reform sehr wohl in das grammatische Gefüge der deutschen Sprache einzugreifen und außerdem ganze Wortreihen aus dem Verkehr zu ziehen versucht; aber davon abgesehen ist die Schriftsprache selbstverständlich eine Erscheinungsform der „Sprache selbst", so daß eine solche überholte Entgegensetzung jeder Grundlage entbehrt.

Die Kultusministerien reagierten auf die Kritik recht geschickt. Unterstützt von einer journalistischen Claque, riefen sie „Zu spät!" – was knapp zwei Jahre **vor** dem geplanten Inkrafttreten der Reform zwar nicht besonders überzeugend klang, bei vielen aber zur Resignation führte. Aus einem anderen Anlaß in Dresden zusammengetreten, verfaßten die Kultusminister am 25. 10. 1996 eine „Dresdner Erklärung", in der sie den Kritikern die Unabänderlichkeit der Reformabsichten entgegenhielten. Diese Dresdner Erklärung enthält mehrere falsche Behauptungen. Bemerkenswert ist an dieser Stelle der Satz:

„Nun ist der demokratische Entscheidungsprozeß für die Neuregelung der Rechtschreibung im ganzen deutschsprachigen Raum abgeschlossen."

Mit derart vagen Formeln soll offenbar über die Tatsache hinweggetäuscht werden, daß die Parlamente nicht mit dem Reformvorhaben befaßt worden sind. Statt dessen habe es im

Jahre 1993 eine Anhörung gegeben, zu der man die Deutsche
Akademie für Sprache und Dichtung, die beiden PEN-Zentren
und andere Institutionen um Stellungnahmen gebeten habe; sie
hätten aber nicht geantwortet. Überhaupt sollen von rund fünf-
zig[17] angeschriebenen Organisationen nur die Hälfte reagiert
haben. – Diese oft erwähnten Anfragen und angeblichen Ver-
weigerungen bedürfen noch der Aufklärung, da es seltsam an-
mutet, daß man sich in einer so wichtigen Angelegenheit offenbar mit dem bloßen Ausbleiben einer Antwort begnügt hat.
Auch bleibt zu klären, welches Gewicht die ablehnenden Stellungnahmen seinerzeit gehabt haben. (Die mit Abstand ober-
flächlichste Stellungnahme kam vom Vorsitzenden der GEW,
der im übrigen auf den zwanzig Jahre zurückliegenden Kongreß
von 1973 verwies – ein einzigartiger Fall von Versteinerung.)
Aber Anhörungen in Fachzirkeln sind ohnehin kein Ersatz für
die volle demokratische Teilhabe, die nur durch die gewählten
Parlamente oder durch plebiszitäre Gesetzgebung geleistet werden kann.[18] Auch ist der Reformentwurf von 1992 keineswegs
identisch mit dem, was heute vorliegt. Die jetzt gültige Fassung
beruhe, so sagen die Minister denn auch vorsichtig, „im wesentlichen" auf der Fassung von 1992.

Im Entwurf von 1992, der Gegenstand der Anhörung war,
sollte zum Beispiel der Unterschied *das/daß* gänzlich aufgehoben werden durch die Einheitsschreibung *das*. Die *Gemse* blieb
ungeschoren. Das Wort *achtgeben* (jetzt *Acht geben*) sollte noch
zusammengeschrieben werden, *Zierrat* mit Doppel-*r* nur eine
erlaubte Variante sein. Auch bei der Groß- und Kleinschreibung, bei den Eigennamen sowie der Zeichensetzung bestanden
noch ganz andere Vorstellungen. Die Kleinschreibung der Substantive wurde favorisiert. Statt *Sie sagte: „Ich komme morgen."*
sollte es heißen *Sie sagte: „Ich komme morgen"*. Diese Änderung, über deren Relevanz man lange nachdenken könnte
(haben Sie sie überhaupt bemerkt?), ist aufgegeben worden.

Um den „demokratischen" Charakter ihres Vorgehens hervorzuheben, weisen die Minister ferner darauf hin, sie hätten „immer wieder aus der Fachwelt oder der Öffentlichkeit vorgetragene Anregungen und Kritikpunkte berücksichtigt, zuletzt bei der ‚Eindeutschung' von Fremdwörtern, bei der sie zu weit gehenden Vorschlägen eine Absage erteilt haben, um die Sprachtradition nicht zu beeinträchtigen." Folgt man jedoch Hermann Zabel, war die „Öffentlichkeit" hier der bayerische Kultusminister. Übrigens empfehlen Augst und Strunk ausdrücklich das Vorgehen von 1901 als Muster für heutige Reformstrategien.[19] Der Wandel der politischen Verhältnisse ficht sie nicht an.

In der Abschlußerklärung zur 3. Wiener Konferenz vom 22. bis 24. November 1994 hieß es u. a.:

> „Im Anschluß an die politische Willensbildung in Deutschland, in Österreich und in der Schweiz wird die Unterzeichnung eines Abkommens für Ende 1995 angestrebt."[20]

Die „politische Willensbildung", die hier so auffallend vage angekündigt wird, fand lediglich in den Amtsstuben der Ministerien statt; die Bevölkerung hatte keine Möglichkeit, sich daran zu beteiligen.

Dabei war noch in der Dudenbroschüre vom Dezember 1994 zu lesen gewesen, wie man sich damals die „Durchsetzung" der Reform vorstellte:

> „In Deutschland werden die Kultusbehörden der einzelnen Bundesländer sowie das Bundesinnenministerium sich zunächst eine Meinung zu bilden und dann **auf gesetzgeberischem Weg** zu entscheiden haben."[21]

Letzteres ist bekanntlich nicht geschehen.

Was den vielbeschworenen „demokratischen Entscheidungsprozeß" und die „Öffentlichkeit" angeht, so ist es gut, sich eines Interviews zu erinnern, das der bayerische Kultusmi-

nister Zehetmair im Herbst 1995 dem „Spiegel" gab. Darin
führte er u. a. aus:

> „Die breite Öffentlichkeit ist so gut wie gar nicht infor-
> miert. Deshalb werden viele erschrecken, wenn es nun zu
> einer Reform kommt, und zwar auch dann, wenn noch ei-
> niges geändert wird. Viele haben gar nicht mehr an eine Re-
> form geglaubt, nachdem seit fast hundert Jahren alle Vor-
> schläge gescheitert sind. Man wird uns, die Kultusminister,
> fragen: Was habt ihr denn da angestellt? Es wird große
> Aufregung und viel Streit, sogar erbitterten Streit geben,
> und es würde mich nicht wundern, wenn er mit der Schärfe
> von Glaubenskämpfen ausgetragen würde."[22]

Prophetische Worte, die aber noch aus einem anderen
Grund nachdenklich machen: Ist es wirklich Sache der Kultusminister, die Untertanen mit Eingriffen in die Sprache zu über-
raschen – und dann gar noch solchen, daß viele darüber „er-
schrecken"?

Auch in der Aussprache des bayerischen Landtags, die der
genannten Regierungserklärung Zehetmairs folgte, wurde nicht
nur übereinstimmend der schlechte Informationsstand der Bevölkerung festgestellt; es herrschte auch eine vom Protokoll
immer wieder vermerkte „allgemeine Heiterkeit", die dem Ganzen streckenweise den Charakter einer Faschingsveranstaltung
verlieh. Kein Redner verriet eine genauere Kenntnis des Gegen-
standes.

Vom Sinn der Rechtschreibung

Schreiben für Leser

Das Rechtschreiben hat denselben Zweck wie das Schreiben überhaupt. Wir schreiben, um dem Leser einen Inhalt mitzuteilen. Es ist zum Beispiel günstig, dieselben Wörter immer auf die gleiche Weise zu schreiben, damit der Leser sie sogleich als dieselben wiedererkennt. Die Rechtschreibung hat im Laufe der Jahrhunderte noch viele weitere Hilfsmittel gefunden, die allesamt dazu dienen, dem Leser einen bestimmten Inhalt möglichst sinnfällig vor Augen zu führen. Einige davon werden wir uns näher ansehen. Natürlich wird ein immer raffinierter gewordenes Instrument für den Benutzer immer schwerer zu beherrschen.[23] Ein Klavier ohne schwarze Tasten und eine Flöte mit nur zwei Löchern sind leichter zu spielen als die heute üblichen Instrumente, aber die Musik ist auch danach.

Die Orientierung an den Bedürfnissen des Lesers ist der Schlüssel zum Verständnis der Rechtschreibung und zur Beurteilung der Rechtschreibreform.

Jeder von uns liest hundert- bis tausendmal mehr, als er schreibt. Viele Texte werden nur einmal geschrieben, aber tausend-, ja millionenfach gelesen. Es ist ganz natürlich, daß sich alles um den Leser dreht. Auch der sogenannte gute Stil hat dasselbe Ziel: Wenn wir an einem Text feilen, prüfen wir, wie er auf uns als Leser wirkt. Fallen die Betonungen gleich beim ersten Lesen auf die richtigen Stellen? Dann ist schon viel gewonnen. Außerdem gilt: Nicht alles, was man hören kann, kann man auch schreiben. Diesen Mangel machen wir in der Schrift wenigstens teilweise wett, indem wir manches schreiben, was man nicht hören kann, zum Beispiel Großbuchstaben oder den funktionalen Unterschied zwischen *das* und *daß*.

Schreiben und Lesen stehen einander keineswegs symmetrisch gegenüber. Selbst Orthographieforscher verkennen dies gelegentlich. So spricht Dieter Nerius von einer „Aufzeichungsfunktion" und spiegelbildlich dazu von einer „Erfassungsfunktion", womit er die Seite des Schreibenden und die des Lesenden berücksichtigt zu haben glaubt: Sowohl dem Interesse des Schreibenden als auch dem des Lesenden müsse die Rechtschreibung entgegenkommen. Aber ein solches spiegelbildliches Verhältnis gibt es nicht. Das Lesen kommt nicht als etwas Zweites zum Aufzeichnen hinzu, sondern das Schreiben selbst geschieht unter ständiger Kontrolle durch das Auge, d. h. der Schreibende, auch wenn er nicht ausdrücklich für Leser schreibt, sondern um des reinen Aufzeichnens willen, kann nicht umhin, während des Schreibvorganges das Geschriebene zu lesen. Auch dies beweist noch einmal den Vorrang des Lesens.[24]

Die unsichtbare Hand in der Sprache

Zu einer populären Verkennung der Tatsachen hat leider auch der sonst so sachkundige Journalist Dieter E. Zimmer beigetragen. Er hält die geltende Rechtschreibung für einen „Beamtenstreich von 1901"[25], „eine im Jahre 1901 von ein paar Kultusbürokraten verfügte Konvention."[26] Das ist selbstverständlich nicht richtig. Die Rechtschreibung hatte sich vielmehr ebenso wie die gesprochene Sprache im Laufe der Jahrhunderte durch die Schreibpraxis selbst entwickelt. Man schreibt solche Vorgänge heute gern der „unsichtbaren Hand" zu, wie es schon die schottischen Klassiker der Nationalökonomie und in jüngerer Zeit ihr Nachfahr Friedrich A. von Hayek gerade auch im Blick auf die Sprache vorgedacht haben: Optimierung eines Systems ohne bewußte Planung durch einen einzelnen. Je genauer man die Rechtschreibung studiert, desto mehr staunt man über die intuitiv gefundenen Tricks und Feinheiten. Das soll natürlich nicht heißen, daß alles, was da im Laufe der Zeit herangewachsen ist, gut und bewahrenswert wäre. Immerhin mahnen uns die neueren Forschungsergebnisse, mit Änderungen vorsichtig zu sein, damit nicht an einer unvermuteten Stelle mehr zu Bruch geht, als anderswo gewonnen wird. Die Zweite Orthographische Konferenz jedenfalls brachte inhaltlich nichts Neues, sondern vereinheitlichte nur das ohnehin seit langem Übliche.

Nach dem Beschluß der Kultusminister von 1955 ist der Rechtschreibduden dort verbindlich, wo die richtige Schreibung nicht aus den Regeln und dem Wörterverzeichnis von 1902 hervorgeht. Diese Bestimmung ist vom Duden natürlich großzügig ausgelegt worden, und es gibt sicherlich manchen Grund, mit dem seither herrschenden Rechtszustand unzufrieden zu sein. Die Kritik am materialen Gehalt der geltenden Norm sollte jedoch unabhängig von den äußeren Umständen des Dudenprivilegs begründet werden.

Nachdem wir uns diesen ersten Einblick in die Entstehungsbedingungen und zugleich einen gewissen Beurteilungsmaßstab verschafft haben, wenden wir uns nun der Neuregelung selbst zu. Sie umfaßt sechs Kapitel:

A Laut-Buchstaben-Zuordnungen
B Getrennt- und Zusammenschreibung
C Schreibung mit Bindestrich
D Groß- und Kleinschreibung
E Zeichensetzung
F Worttrennung am Zeilenende

Hinzu kommt das amtliche Wörterverzeichnis, das integraler Bestandteil der Neuregelung ist.

Laute und Buchstaben

Zooorchester, Seeelefanten und andere Missstände

Unsere Buchstabenschrift (Alphabetschrift) beruht zunächst einmal darauf, daß man mit den geschriebenen Zeichen das Lautbild der gesprochenen Wörter wiedergibt. Daher kann man auch Wörter lesen, die man noch nie zuvor gelesen oder gehört hat. Daß es Laute gibt, die durch mehrere Buchstaben wiedergegeben werden (*sch*, *ch* usw.), und auch den umgekehrten Fall (*x*), können wir im Augenblick außer acht lassen.[27]

Auffällig, ja das Auffälligste überhaupt ist an reformierten Texten die häufige Ersetzung von *ß* durch *ss*. Das „scharfe *s*", also *ß*, hatte bisher zwei Aufgaben: Es bezeichnete nach langen Vokalen und Diphthongen das stimmlose [s] wie in *reißen* im Gegensatz zum stimmhaften [z] in *reisen*, und es trat für *ss* ein, wenn dieses durch Wortbildung oder Flexion an den Silbenrand oder vor einen anderen Konsonanten geriet: *hassen*, aber *Haß*, *haßt*. Grundschullehrer bringen ihren Schülern seit je eine nützliche Faustregel bei: „*ss* am Schluß bringt Verdruß". Natürlich könnte man ganz ohne den Buchstaben *ß* auskommen, wie es die Schweizer ja schon seit Jahrzehnten vormachen. Auf der anderen Seite macht das *ß* die Binnengrenze von Zusammensetzungen deutlich: *Meßergebnis*. Ein angenehmer Nebeneffekt (auch für die Worttrennung am Zeilenende), der neuerdings entfällt: *Messergebnis*. Auch *Mißstand* liest sich eine Spur leichter als *Missstand*.

Nach der Neuregelung dient die s-Schreibung nur noch der Bezeichnung der Vokallänge. Wir deuten ja die Kürze eines betonten Vokals durch die Verdoppelung des nachfolgenden Konsonanten[28] an: *kommen*, *komm* usw. Ebenso *hassen*; nur bei *Haß*, *haßt* usw. schreiben wir *ß*, das aber bloß eine typographische Variante von *ss* ist und kein Buchstabe eigenen Rechts. Diese kleine Unregelmäßigkeit wird nun beseitigt.

Auch auf die „Stammschreibung" (s. unten) beruft man sich gern, um die Vorteile der neuen s-Schreibung hervorzuheben. Auf den ersten Blick leuchtet das vielleicht ein: *Hass, hassen, hasst* usw. Man kann aber die neue s-Schreibung, da sie vollständig durch die Laut-Buchstaben-Beziehung festgelegt ist, nicht zugleich für die „Wirksamkeit des sogenannten Stammprinzips" in Anspruch nehmen. Sonst ließe sich leicht eine Gegenrechnung aufmachen: *schießen, schoss, Schuss* usw. (vgl. § 25 E1). Wolfgang Kopke hält die Berufung auf das Stammprinzip an dieser Stelle mit Recht für eine „nachgeschobene" Begründung der neuen s-Schreibung, die der Schlüssigkeit entbehrt.[29]

Gegen die Vereinheitlichung der s-Schreibung ist natürlich nichts zu sagen, aber sie bringt auch nicht viel. Die frohe Botschaft, daß nach kurzem betontem Vokal der Konsonantenbuchstabe doppelt geschrieben werde, wird nämlich ohnehin ein wenig getrübt durch nicht weniger als 12 Gruppen von Ausnahmen (§§ 4 und 5[30]). Und mit der s-Schreibung gab es außerdem nie große Schwierigkeiten – bis auf eine einzige Ausnahme, und die bleibt gerade erhalten. Ich meine natürlich den Unterschied von *das* und *daß*, der immer für einen großen Anteil, nämlich rund 6 % aller Rechtschreibfehler verantwortlich war. Die beiden Wörtchen werden in der deutschen Standardaussprache gleich ausgesprochen, ihr Unterschied besteht in der grammatischen Funktion: Artikel oder Pronomen einerseits, Konjunktion andererseits. Manche Kinder haben Schwierigkeiten, diese Funktionen auseinanderzuhalten. Künftig sollen sie schreiben *das* und *dass*; ihr Problem bleibt also dasselbe wie zuvor. Einige Reformer hatten, wie gesagt, bis zuletzt die Absicht, die unterschiedliche Schreibweise zugunsten der Einheitsschreibung *das* aufzugeben. Nach der Diskussion des Jahres 1993 ist dieser Plan endgültig begraben worden. Die Unter-

scheidungsschreibung *das/daß* wird seit Jahrhunderten mit großer Beharrlichkeit durchgehalten. Die Vereinheitlichung wäre
daher keine Anpassung des Regelwerks an bereits bestehende
neue Gewohnheiten, sondern ein theoretisch begründetes – und
zwar schlecht begründetes – Kunstprodukt.

Das und *daß* (oder jetzt *dass*), *Moor* und *Mohr*, *Lerche* und
Lärche und viele andere gleichklingende Wortpaare werden in
der Schrift unterschieden. Manche Reformer haben das Laut-
prinzip gegen die Unterscheidungsschreibung ausspielen und
zwischen *Boten* und *Booten* nicht mehr unterscheiden wollen.
Der Kontext werde schon dafür sorgen, daß keine Mißverständnisse aufkommen. Aber „Mißverständnisse" sind lesetechnisch
sozusagen der GAU, die Katastrophe schlechthin. Schon leichte
Irritationen und Stockungen werden von einer geschickten, leserfreundlichen Schreibweise vermieden. Natürlich kann der
Leser aus dem Kontext manches erschließen, aber es hat doch
in der Geschichte des Schreibens einen gewissen Fortschritt
gegeben; sonst könnten wir uns ja mit Knotenschnüren begnügen.

Wenn in Zusammensetzungen drei gleiche Buchstaben zu-
sammentreffen, bleiben künftig alle drei erhalten, Konsonanten
nicht nur wie bisher vor einem weiteren Konsonanten (*Sauer-
stoffflasche*), sondern auch in *Betttuch, am helllichten Tage usw.*
Damit wird eine typographisch motivierte Unlogik beseitigt,
und das Ergebnis ist zwar nicht schön, aber annehmbar. Es fragt
sich nur, warum dann in *geschrien* usw. das tatsächlich hörbare
e nicht mehr geschrieben werden **darf** (§ 19, bisher **konnte** es
nur weggelassen werden), wenn doch in *Betttuch* das nicht hörbare dritte *t* geschrieben wird. (Das zweite t in *Betttuch* ist auch
nicht „hörbar", aber als Signal der kurzen, offenen Aussprache
des vorangehenden Vokals dennoch wohlbegründet.) Großzügig hier, pedantisch dort; das wird sich bei der Kommasetzung
wiederholen.

Übrigens wird „zur besseren Lesbarkeit" dann wieder der Bindestrich empfohlen: *See-Elefant,* sogar *Bett-Tuch* und *Schiff-Fahrt* sowie, infolge der *ß*-Auflösung, *Nass-Schnee.* Das Eingeständnis der erschwerten Lesbarkeit bei drei gleichen Buchstaben ist bemerkenswert. Warum schafft man sich erst eine Notlage, um dann diesen kläglichen Ausweg zu finden? *Stillegung* hat noch keinen gestört und war auch nicht schwer zu lernen. *Stilllegung* liest sich schlecht, *Still-Legung, still-legen* oder gar *Flächenstill-Legung* wären lächerlich. Der Bindestrich sollte auch nicht für derart triviale Zwecke mißbraucht werden, er hat andere Aufgaben. Trotzdem werden wir bei der Silbentrennung noch einmal auf einen ähnlichen Fall stoßen: Regeln, die man nur einführt, um sogleich vor ihrer Anwendung zu warnen.

Rau soll ohne *h* geschrieben werden, weil auch *blau* und *schlau* ohne *h* geschrieben werden, *Känguru* desgleichen, weil auch *Gnu* und *Kakadu* kein *h* enthalten. Sind das respektable Gründe? Es gibt noch andere ungewöhnliche Buchstabenkombinationen, an deren Angleichung dennoch nicht gedacht ist, z. B. *Vlies.* Das *h* in *rauh* ist ja auch sprachgeschichtlich durchaus gerechtfertigt und könnte wegen des Zusammenhangs mit *Rauchwaren, Rauchwerk* (= ,Pelzwerk' – wer kennt nicht das Grimmsche Märchen *„Allerleirauh"*!) im Sinne der Stammschreibung stehen bleiben. So viel Recht wie das *ä* in *Stängel* (s. unten) kann es allemal für sich beanspruchen. Im alemannischen Sprachraum wird es sogar noch gesprochen, auch kennen die Kürschner das Adjektiv *rauch.* Ferner könnte man den Zusammenhang zwischen *wehen* und *Wechte* (bisher *Wächte*) zum Vergleich heranziehen, der von den Reformern als noch nachvollziehbar angesehen wird. Darüber später mehr.

Die Schweizer Reformer verweisen selbst auf die sprachgeschichtliche Motivation des *h* in *rauh* und auf die schweizerdeutsche Aussprache *ruuch,* fügen aber hinzu:

„Dass man auf Erinnerungen dieser Art verzichten kann, zeigt das gleich zu beurteilende Adjektiv scheu (schweizerdeutsch schüüch; standardsprachliche Ableitung: verscheuchen), das man standardsprachlich seit je ohne Dehnungs-h schreibt."[31]

Natürlich kann man verzichten, aber dieser Gedanke gilt dann auch für die neueingeführten, mit der Herkunft der Wörter begründeten Schreibweisen *Stängel, Wechte* usw. Außerdem ist die Beweislast umgekehrt verteilt, denn *rauh* ist ja die allgemein übliche Schreibweise und braucht daher nicht eigens gerechtfertigt zu werden.

Nicht nachdenken!

Die Fremdwörter sollten ursprünglich weit stärker eingedeutscht werden, doch haben vor allem die Politiker dies verhindert. Zugelassen sind jetzt eine Reihe von Nebenformen: *Grafologie, Delfin, Buklee, Kommunikee, Schikoree, Katarr, Panter, Tunfisch.* Daran würde man sich bald gewöhnen. Andererseits ist unsere Zeit weiteren Eindeutschungen nicht mehr so günstig, wegen der Allgegenwart des Englischen und anderer Fremdsprachen. Grundsätzlich ist aber gegen Eindeutschungsversuche nichts einzuwenden, auch wenn sie bei vielen Leuten auf wenig Gegenliebe stoßen. Die Inkonsequenz der Neuregelung stört selbst einige der Reformer: *Orthografie* – mit *th*, aber *f* statt *ph*. Und während die Schreibung mit *f* hier nur Nebenvariante ist, soll sie bei *Pornografie* die Hauptvariante sein. Ebenso: *Bibliografie*, aber *Geographie*. Dazu die Reformer Sitta und Gallmann, die das Werk mitverantworten:

„So etwas schluckt ein intelligenter Leser wohl nur, wenn er sich das Nachdenken strikt verbietet."[31b]

Dabei ist die Aufgliederung in Haupt- und Nebenvarianten selbst problematisch genug, denn die subjektiven Vorlieben der Reformer brauchen das Publikum ja nicht zu interessieren, solange beide Formen für Korrekturzwecke – vor allem also in der Schule – als richtig zu gelten haben. Wir werden allerdings sehen, daß die Reformer das nur scheinbar harmlose Spiel mit den Varianten für ihre eigenen volkspädagogischen Zwecke zu mißbrauchen versuchen.

Mißlungen ist die Eindeutschung *Hämorriden.* Hier hätte das zweite *r* wegfallen müssen, während bei *Grislibär* (statt *Grizzly-* bzw. *Grislybär*) ein zweites *s* stehen müßte, denn das erste *i* ist ja kurz. Der schon seit langem eingedeutschte *Tschardasch* soll nicht mehr zulässig sein, statt dessen aber ein *Csardas* ohne die ungarischen Längenzeichen. *Gulyás* als österreichische Nebenform zu *Gulasch* behält sein Längenzeichen oder vielmehr: bekommt es wieder, denn im vorigen, weniger nach Österreich orientierten Duden war es bereits weggelassen.

Substantiell usw. kann man künftig auch mit *z* schreiben wegen *Substanz* usw., *Nation* allerdings nicht, den *Nazis* zum Trotz. *Potenziell* ist an *Potenz* angelehnt, nicht an ebenso geläufiges *potent* oder *impotent.* Das bringt nicht viel. Im Englischunterricht muß man dann umlernen: *substance, substantial.* Eine Neuregelung der Schreibungen mit *z* bzw. *ti* auf der Ebene der Laut-Buchstaben-Zuordnung war offenbar nicht durchsetzbar, also bleibt es bei punktuellen Neuschreibungen nach dem Stammprinzip mit der Folge, daß stets nachgeschlagen werden muß. *Differenzial* ist neue Hauptvariante, aber die Mathematik soll bei *Differential* bleiben. *Nummerieren* wird an *Nummer* angeglichen, aber der grammatische *Numerus* bleibt.[32] *Subsumieren* wird nicht an *Summe* angeglichen.

Bei vielen Fremdwörtern aus dem Englischen fällt auf, daß sie nach der Neuregelung anders geschrieben werden als bisher und auch bei Freigabe von Varianten anders als im Englischen:

Cornedbeef oder *Corned Beef*, *Centrecourt* oder *Centre Court*. Wie man sieht, werden feste Verbindungen (sogenannte „Nominationsstereotype") ohne weiteres den Regeln unterworfen, die für deutsche Zusammensetzungen gelten, daher solche Gebilde wie *Highsociety, Midlifecrisis* usw., die unseren Englischlehrern gewiß viel Freude machen werden. Nicht erörtert wird die Frage, warum die vermehrte Zusammenschreibung nur englische Wörter betreffen soll. *Almamater* oder *Ultimaratio* sind nämlich nicht vorgesehen. Daß das Englische in den Gedanken der Reformer eine Sonderstellung einnahm, geht aus ihren begleitenden Schriften hervor[33]; im Regelwerk selbst erscheint diese Beschränkung aber als völlig unmotiviert.

Gräuliches Schnäuzen

Obwohl die deutsche Rechtschreibung grundsätzlich an der Wiedergabe der Laute orientiert ist, erschöpft sie sich nicht darin. Das sieht man schon an der Unterscheidungsschreibung gleichlautender Wörter. Auf der anderen Seite schreiben wir manches gleich, was verschieden klingt, aber etymologisch oder morphologisch verwandt ist. Wir schreiben *rund*, obwohl der Endkonsonant, jedenfalls im Standarddeutschen, ebenso ausgesprochen wird wie das *t* in *bunt*. Das stimmlose *t*, das wir in *rund* sprechen und hören, ist in Wirklichkeit gewissermaßen ein stimmhaftes *d*, das aber nach einer ganz allgemeinen Regel am Ende einer Silbe stimmlos wird, wie es auch allen anderen Geräuschlauten widerfährt. In anderen Positionen kommt der stimmhafte Laut wieder zum Vorschein: *runde, Runden*. Man erkennt so leichter, daß es sich um dasselbe Wort handelt. Im Mittelalter schrieb man *kint* (= Kind), aber *kindes*. Die Wortstämme erschienen also ständig in veränderter Gestalt. Die Aussprache ließ sich damals unmittelbarer aus dem Schriftbild erschließen, was für Kinder und Ausländer zunächst eine Hilfe sein mag. Für den fortgeschrittenen Leser ist es eher lästig. Ihm liegt daran, das Wort als immer denselben Bedeutungsträger zu erkennen; die genaue Lautung ergibt sich automatisch. Also kann man gleich den Stamm in seiner wahren, abstrakten Gestalt schreiben. Das Schreiben wird erwachsen, könnte man sagen. Die Forschung spricht von einer „tieferen" Schreibweise des Deutschen, Englischen und Französischen im Vergleich mit der „flachen" italienischen oder spanischen. Damit ist natürlich kein Werturteil verbunden. Auch sind die Sprachen für die eine oder die andere Schreibung unterschiedlich geeignet. Die Befürworter einer flachen Rechtschreibung setzen meist undiskutiert voraus, daß lautgetreue Schreibung „fortschrittlich" und das Festhalten an der üblichen tieferen nur ideologisch zu erklären sei. Ein solcher Standpunkt ist aber seinerseits ideologisch und wird von den wirklichen Fachleuten schon längst nicht mehr vertreten.

Die „Stammschreibung" ist von großer Bedeutung. Besonders als Schreibung des Umlauts ist sie allgegenwärtig: *Rad/Rädchen, Haus/Häuser, Arzt/Ärztin, stark/stärker.* Wie man an diesen Beispielen sieht, sind es vor allem die Verkleinerungsformen, die Mehrzahlbildung, die Ableitung weiblicher Substantive und die Steigerung der Adjektive, bei denen der Umlaut noch produktiv ist.

Die Reform möchte das Stammprinzip ausweiten und dadurch eine größere Regelmäßigkeit in die deutsche Rechtschreibung bringen. Das Ergebnis ist befremdlich: *Gämse, behände, Stängel, schnäuzen* ... Was ist da passiert? Man hat ganz wenige Einzelwörter herausgepickt und sie mit anderen in einen mehr oder weniger künstlichen Zusammenhang gebracht. *Gemse* ist gewiß irgendwie mit *Gams* verwandt, aber nicht in einer regelhaften Weise davon abgeleitet, wie es oben bei der Steigerung oder Verkleinerung der Fall war. Niemand denkt daran, die

Henne mit *ä* zu schreiben, obwohl dieses Wort tatsächlich von *Hahn* abgeleitet ist. Warum hat es ausgerechnet *Gams* und *Gemse* erwischt? *Behende* ist wirklich von *Hand* abgeleitet, aber dieser Zusammenhang ist inhaltlich kaum noch nachzuvollziehen. Vor Jahren ironisierte der Rechtschreibreformer Wolfgang Mentrup die damals schon geplante, aber noch nicht beschlossene Schreibweise durch Beispiele wie *mit behenden Schritten*.[34] Formal leuchtet die Beziehung erst recht nicht mehr ein, denn der Umlaut gehört heute zum Plural von *Hand*, während *behende* den Dativ Singular enthält. Wer denkt daran, daß ein *Stengel* einmal eine kleine *Stange* war? Umgekehrt kann man ja eine kleine Stange längst nicht mehr einfach mit dem Wort *Stengel* bezeichnen. Wer denkt an die *Schnauze*, wenn er sich die Nase (!) putzt? Die Reformer bestimmen zwar:

> „Für kurzes [e] schreibt man *ä* statt *e*, wenn es eine Grundform mit *a* gibt." (§ 13; ähnlich § 16 für *äu/eu*)

Aber sie definieren nicht, was sie unter „Grundform" verstehen, und sie können diesen Paragraphen auch nicht wirklich ernst gemeint haben. Denn irgendwelche Formen mit *a*, zu denen man irgendwelche Beziehungen herstellen kann, lassen sich fast überall aufstöbern. Wohin soll es führen, wenn man dieses Tor erst einmal aufstößt? *Schenke* sollen wir jetzt wahlweise auch mit *ä* schreiben dürfen, weil man es nicht nur von *schenken*, sondern auch von *Schank* ableiten könne. Aber *einwenden* hängt auch mit *Einwand* zusammen, *merken* mit *Marke*, *setzen* mit *Satz*, *schwenken* mit *schwanken*, *hell* mit *hallen* und *Keule* mit *Kaulquappe*. Warum nicht *Stämpel* statt *Stempel* schreiben, das so eindeutig mit *stampfen* verwandt ist wie *Spengler* mit *Spange*? *Täuschen* wird in § 17 als Ausnahme angeführt, weil es keine verwandte Form mit *au* gebe. Es gibt aber doch eine: *tauschen*. Noch 1989 wollten die Reformer allen Ernstes *Krebs* mit *p* schreiben (*Kreps*), weil ihnen nicht gegenwärtig war, daß es

Krabbe gibt. Bei *schupsen* wollten sie die „Nebenform" *schubsen* tilgen – meiner Ansicht nach ist dies die Hauptform – , ohne an *schieben* und *Schub* zu denken. Der Vorfall zeigt, daß dieses Etymologisieren ein Irrweg ist.

Gallmann und Sitta sprechen einigermaßen deutlich aus, daß die **Ableitungsrichtung** bekannt sein muß, damit nicht *hetzen* (wegen *Hatz*) mit *ä* geschrieben werde usw.[35] Nun ist es aber gerade bei Verben und zugehörigen Substantiven gar nicht einfach, die Ableitungsrichtung zu kennen, und dem Laien wird hier zweifellos zu viel zugemutet. *Hetzen* könnte übrigens dennoch aus etymologischen Gründen mit *ä* geschrieben werden, da es ein Verursachungsverb zum jägersprachlichen *hassen* ist.

Die Reformer leisten es sich, *Greuel* und *greulich* künftig mit *äu* schreiben zu wollen, weil diese Wörter entfernt mit *Grauen* zusammenhängen; das Ergebnis ist ein ganz unnötiger Zusammenfall von *greulich* mit dem Farbadjektiv *gräulich*. An wirklich häufigen Wörtern vergreifen sie sich nicht, weil dies ihrem Reformvorhaben ein schnelles Ende bereitet hätte. So bleiben die *Eltern* erhalten (obwohl sie eigentlich die *Älteren* sind), auch *Geschlecht* (trotz *schlagen*), *fertig* (trotz *Fahrt*), *Mensch* (trotz *Mann*) usw. Die vielköpfige Sippe *füllen/voll* ist schon ins Visier geraten[36], bleibt aber einstweilen verschont. Wie die *Gemse* künftig geschrieben werden soll, regt die meisten Menschen nicht sonderlich auf, weil sie dieses Wort ohnehin nie schreiben und selten lesen.

Ein Quäntchen Tollheit

Noch ein Stückchen weiter geht die sinnwidrig ausgedehnte Stammschreibung, wo sie auf Wörter übergreift, die in Wirklichkeit nicht miteinander verwandt sind: *Quentchen* geht nicht auf *Quantum* zurück, *belemmert* nicht auf *Lamm*, *verbleuen* nicht auf *blau*, *Tolpatsch* nicht auf *toll*. Der *Mesner* – künftig

Messner – hat mit der Messe nur wenig mehr zu tun als der Küster mit der Küste. Es gibt also keinen Grund, die Schreibweise dieser Wörter zu ändern, auch wenn der eine oder andere Laie solche Verbindungen knüpfen mag.

Solche „Volksetymologien", die es in der gewachsenen Sprache selbstverständlich zu Dutzenden gibt, entspringen dem Wunsch der Sprecher, fremde oder im Laufe der Zeit undurchsichtig gewordene Wörter mit anderen, bekannteren Wörtern in einen Zusammenhang zu bringen und dadurch wieder durchsichtig und verstehbar zu machen. Soll der Sprachwissenschaftler, der es besser weiß, dem nachgeben oder gar bewußt das Falsche zur Ehre der Wörterbücher erheben? Man mochte, als dies bekannt wurde, an einen Ulk glauben[37], doch ist es eine Tatsache, daß einer der Reformer hiermit am Ziel seiner jahrzehntelang vorgetragenen Wünsche angekommen war. (Auch *Seele* und *selig* würde er, wie man hört, bei nächster Gelegenheit gern aneinander angleichen.)

Es fällt auf, daß die Reform nur einige wenige Volksetymologien anerkennt. Obwohl viele Menschen bei einem undurchsichtigen Wort wie *grobschlächtig* an *schlecht* denken dürften, bleibt es bei der Umlautschreibung. Die Versuchung ist groß, *Schlamassel* mit zwei, wenn nicht gar mit drei *m* zu schreiben (wie *Schlammmasse*, das im amtlichen Wörterverzeichnis und daher auch in den Wörterbüchern prangt). Hier bleibt für tatkräftige Reformer noch viel zu tun.

Was die Reformer mit einem Augenzwinkern in das Regelwerk hineingeschrieben haben, kommt in der Schulpraxis so an: In einem Übungsbuch[38], das zum Rechtschreibtraining an Gymnasien verwendet wird, heißt es bei einer Einsetzübung ohne jeden Vorbehalt:

„Beim Partizip *belämmert* sieht man gleich die Verwandtschaft mit dem aus menschlicher Sicht manchmal hilf- und ratlos wirkenden _____ an der Schreibung.

Weil das lateinische Wort für Menge *Quantum* heißt, schreibt man die Verkleinerungsform _____ mit ‚ä‘. Bei den Verben *einbläuen* und *verbläuen* wird auch durch die Schreibung mit ´äu´ der Zusammenhang mit der Farbe deutlich.“

Und noch einmal als Lehrsatz:

„Für die Schreibung deutscher Wörter spielt die sogenannte Stammschreibung eine große Rolle. Das bedeutet, dass derselbe Wortstamm in unterschiedlichen Wörtern auf eine möglichst gleiche Weise geschrieben wird. Beispiel: *blau – einbläuen.*“

Da wir zugunsten der Verfasser nicht annehmen wollen, daß sie absichtlich Falsches lehren, müssen sie wohl aufgrund ihrer eigenen Unwissenheit die entsprechenden Paragraphen des Regelwerks mißverstanden haben. Tatsächlich gibt etwa § 16 keinerlei Hinweis darauf, daß *blau* in Wirklichkeit **nicht** die Grundform zu *bleuen* ist (das vielmehr mit *Bleuel* und *Pleuelstange* zusammenhängt):

„Für den Diphthong [oy] schreibt man *äu* statt *eu*, wenn es eine Grundform mit *au* gibt. (...) *verbläuen* (wegen *blau*)“.

Es sind also entweder die Lehrer oder die Lehrwerke, die durch die Reform dazu angehalten werden, pseudowissenschaftlichen Unsinn in die Köpfe der wißbegierigen Jugend zu stopfen. Ein sachkundiger Deutschlehrer würde die Volksetymologie, die als solche ja eine interessante Tatsache ist, als Aufforderung begreifen, die schlichte Wahrheit zu Ehren zu bringen. Was würde man von einem Biologielehrer halten, der die Weisheit zum besten gäbe: „Silberfischchen gehören zu den Fischen, wie man ja schon an ihrem Namen erkennt“?

Wörter wie *Gämse* und *belämmert* dürften in den letzten Wochen an den Schulen einiger Bundesländer häufiger geschrieben worden sein als in den hundert Jahren davor. Es herrscht eben der pädagogische Ausnahmezustand. Die historische Sprachwissenschaft ist zwar verhältnismäßig spät entstanden. Als man längst die Infinitesimalrechnung zu großer Vollkommenheit entwickelt hatte, war noch kein Gelehrter imstande, eine saubere etymologische Herleitung aufzustellen, und so mag es gekommen sein, daß schon die geringste sprachgeschichtliche Belehrung bis zum heutigen Tag nach der Öllampe riecht, trotz der hohen Sprachbezogenheit unserer Gymnasialbildung. Sollte aber nicht der Hinweis auf wirkliche und vermeintliche Sprachverwandtschaften auch ein interessanter und bildender Unterrichtsgegenstand sein können? Ist für unsere lernwillige Jugend der letzte sprachgeschichtliche Unfug gerade gut genug? Daß die Reformer künftig *Zierrat* statt *Zierat* schreiben lassen wollen, weil darin heute „die meisten Deutschsprachigen" als zweites Element dasselbe *-rat* wie in *Unrat, Vorrat* sehen, wollen wir ihnen schenken, denn wer hat je in seinem Leben ein solches Wort geschrieben, geschweige denn sich Gedanken über seine Struktur gemacht? Warum allerdings jemand, der darin **nicht** das Wort *Rat* sieht, ebenfalls gezwungen werden soll, volksetymologisch zu schreiben, ist nicht einzusehen. *Zierat* ist ja in Wirklichkeit aus *Zier* abgeleitet wie *Heimat* aus *Heim*. Übrigens fällt der Plural *Zierrate* unangenehm aus dem Rahmen, man sollte ihn gleich durch *Zierräte* (wie *Vorräte*) ersetzen ... (Eine interessante Frage: Was werden Germanistikprofessoren in Zukunft tun, wenn ihre Studenten in Prüfungstexten dieses Wort falsch, also richtig schreiben? Auch werden ab 2005 Szenen vorkommen, wie sie oben im „Vorspiel" angedeutet sind, und dann wird zweifellos die Stunde der Juristen schlagen; einige von ihnen haben es schon angekündigt.)

Und weiter: Wenn man bei *bleuen* an *blau* denken darf, – was will man einem Schüler dann noch entgegenhalten, wenn er *weismachen* mit *ß* schreibt, wie es immer wieder zu beobachten ist? Er erkennt eben den Bestandteil *weise* nicht mehr darin, denkt vielmehr, daß *weismachen* so etwas wie ‚erklären' oder ´aufhellen´ bedeutet, bis die fragliche Sache taghell und schneeweiß ist. Das ist keine Spur abwegiger als die verordneten Hirngespinste von ratlosen Lämmern usw. In einem neuen Lehrwerk wird behauptet, *Falter* werde wegen *falten* so geschrieben (mit dem es in Wirklichkeit nicht zusammenhängt).[39] – *Schneewächte* soll, wie wir gesehen haben, künftig mit *e* geschrieben werden. Warum? Weil das Wort „nicht zu wachen" gehört, wie uns die Reformer belehren. Die Belehrung beweist aber gerade, daß ein solcher volksetymologischer Bezug offenbar nicht ganz und gar abwegig ist. Scheint die Wächte nicht wächtergleich über die verschneite Landschaft zu ragen? Warum also steht nicht da: „*Wächte* (heute zu *wachen*)"? Warum wird der *Alptraum* (als Variante von *Albtraum* noch zugelassen) nicht einfach mit dem Vermerk versehen „heute zu *Alpen*"? Viele von uns denken dabei doch wohl an den alpenschweren Berg, der bei einem Alptraum auf die Brust zu drücken scheint – ein richtiger *Alpdruck* eben oder ein *Alpdrücken,* wie man ja auch sagt. Wir **sollen** aber nicht so denken, ganz ebenso wie wir andererseits bei *belämmert* an das Lamm denken **sollen**. Die Reformer wollen es so. Deshalb lassen sie – das ist sehr bemerkenswert – bei ihren etymologischen und pseudoetymologischen Neuschreibungen auch keine Varianten zu. Weder *Zierat* noch *einbleuen* noch *numerieren* sollen länger erlaubt sein. Man darf darin einen Nachklang der emanzipatorischen Rasenmäherpädagogik sehen: Wer es besser weiß, soll aus diesem Besserwissen keinen Vorteil ziehen können, damit alle die gleichen Chancen haben.

Im neuen Duden-Universalwörterbuch wird zu *Tollpatsch* übrigens vermerkt: „wohl unter Einfluss von *toll* und *patschen*". Das ist gewiß eine ironische Spitze gegen die Reformer, deren sonderbare Gedanken hier wie ein allenfalls zu erratender Prozeß in grauer Vorzeit dargestellt werden. Eine besonders witzige Bosheit erlaubt sich das DUW mit der Angabe: *„Quäntchen*

(...) Vkl. zu *Quent"*, und dieses wird dann korrekt auf lat. *quintus* zurückgeführt. *Bleuen* steht als „frühere Schreibung" gleich neben *Bleuel*. Jeder Leser kann sich dazu sein Teil denken. Unter *bläuen* ‚schlagen' steht die korrekte Herleitung (mhd. *bliuwen* usw.), aber kein Wort von *blau*; ebensowenig wird das *Lamm* bei *belämmert* erwähnt. *Zierrat* wird als mhd. *ziere* ‚Zier' + -*ôt* erklärt, und auch der harmloseste Leser fragt sogleich nach dem zweiten *r*, dessen Herkunft so vielsagend verschwiegen wird. – Jeder dieser Einträge ist eine Ohrfeige für die Reformer.

Das Bestreben, der Volksetymologie zu ihrem vermeintlichen Recht zu verhelfen, läßt sich auch gar nicht widerspruchsfrei durchführen. Die Reformentwürfe, die dieser Lieblingsidee eines einzelnen Mitgliedes der Rechtschreibkommission nachgegeben haben, zeigen alle dieselbe Unentschlossenheit bereits in der Darstellung des Prinzips. 1989 hieß es, *ä* bzw. *äu* sei zu schreiben, „weil (vielleicht) Umlaut vorliegt, d. h. weil es heute ohne Ansehen der wissenschaftlichen Etymologie ein verwandtes Wort mit *a* bzw. *au* gibt."[40] Während man sich in anderen Lebensbereichen mit wissenschaftlichen Methoden um einen Vaterschaftsnachweis bemüht, soll hier der bloße Verdacht genügen.

Dieselben Menschen übrigens, denen man zutraut, bei *Stengel* an *Stange* zu denken und bei *behende* an *Hand*, hält man für unfähig, in *vollenden* die Bestandteile *voll* und *Ende* zu erkennen. Während bei der Wortschreibung ein Bewußtsein von der Zusammengehörigkeit der Wörter beschworen wird, soll dieses Bewußtsein bei der Worttrennung schweigen. Deshalb wird nun die Worttrennung *vol-lenden* eingeführt (§ 112). Dies haben nicht einmal die neuen Wörterbücher glauben können, sie verweigern dem Regelwerk allesamt die Gefolgschaft. Aber mit der Worttrennung werden wir uns später noch beschäftigen.

Im Zusammenhang mit der Stammschreibung muß auch noch einmal auf die Fremdwörter eingegangen werden. *Placieren* und *deplacieren* sind bisher schon in einer halb eingedeutschten Form *plazieren* und *deplazieren* bekannt. Die Neuregelung deutscht weiter ein, indem sie das deutsche (Lehn-)Wort *Platz* zugrundelegt: *platzieren, deplatzieren*. Dadurch gewinnen diese Wörter, wegen der undeutschen Ableitung, allerdings einen „makkaronischen" Charakter, den sie zuvor, als ehrliche Fremdwörter, nicht hatten. In diesem Sinne mißfällt auch die *Plattitüde* (mit *tt* wegen *platt*). Denn *Platitüde* steht, wie der bedeutende französische Germanist und Reformkritiker Jean-Marie Zemb gezeigt hat, in einer Reihe mit *Etüde, Attitüde* usw., wo man eigentlich keinen deutschen Stamm erwartet. Der *Stukkateur* (über das Französische aus dem italienischen *stuccatore*) wird künftig *Stuckateur* geschrieben, wegen *Stuck*. Solche Wörter wirken nun – um im Jargon zu bleiben – wie rechte Dummitäten. Apropos „makkaronisch": Die *Makkaroni* bleiben uns erhalten, während die *Spaghetti* auch ohne *h* geschrieben werden sollen, gegen den Rest der Welt. „Tedeschi attenti, ora spaghetti si scrive senz´acca", spöttelte der Corriere della Sera am 21. 7. 96 in einer Titelzeile (Deutsche, aufgepaßt: Spagetti schreibt man jetzt ohne h). – Erstaunlicherweise bleibt das orthographisch schwierige *f* in *Stafette* erhalten,   obwohl es nicht nur semantisch zu *Staffel(lauf)* gestellt wird, sondern damit tatsächlich verwandt ist, so daß die Schreibung *Staffette* nach § 5 (3) gerechtfertigt wäre. – Aber wozu noch mehr Beispiele anhäufen? Der Ungereimtheiten ist kein Ende.

Die Propagandisten der Rechtschreibreform beschwören gerade bei diesem inkonsequentesten Teil der Neuschreibung unermüdlich die „Konsequenz", mit der nunmehr die Stammschreibung gelte, als wollten sie den offenkundigen Mangel durch rituelle Behauptung des Gegenteils bannen.

Die Reformer Gallmann und Sitta sagen abschließend:

„Die Zahl der Einzelfestlegungen und Ausnahmen ist mit der Neuregelung kaum kleiner geworden."[41]

Dem ist nichts hinzuzufügen.

Getrennt- und Zusammenschreibung

Fürchterliche Gespenster

Das Kapitel „Getrennt- und Zusammenschreibung" beginnt mit folgenden Sätzen:

„Die Getrennt- und Zusammenschreibung betrifft die Schreibung von Wörtern, die im Text unmittelbar benachbart und aufeinander bezogen sind. Handelt es sich um die Bestandteile von Wortgruppen, so schreibt man sie voneinander getrennt. Handelt es sich um die Bestandteile von Zusammensetzungen, so schreibt man sie zusammen."

Hier werden also Zusammensetzungen ganz ebenso wie Wortgruppen als „Wörter, die im Text unmittelbar benachbart und aufeinander bezogen sind", aufgefaßt. Zusammensetzungen sind aber gerade etwas ganz anderes als nebeneinanderstehende Wörter. Zwar stellt der Text anschließend mit Recht fest:

„Manchmal können dieselben Bestandteile sowohl eine Wortgruppe als auch eine Zusammensetzung bilden."

Das gilt aber nur für eine ganz oberflächliche Betrachtungsweise. Werden Wörter zu Bestandteilen von Komposita, so sind sie eben keine Wörter mehr. Das Regelwerk vermeidet es in auffälliger Weise zu erklären, was eigentlich – **außer** der Zusammenschreibung – eine Zusammensetzung ausmacht.

Das erste Unterkapitel widmet sich dem Verb und fährt sogleich auf dem zu Beginn eingeschlagenen Irrweg fort, indem es die Lehre von den „trennbaren Zusammensetzungen" aufgreift, die in der deutschen Grammatik so viel Schaden angerichtet hat. Erst die irrige Ansetzung „trennbarer Verben" rechtfertigt es, daß in § 33 eigens die Zusammenschreibung „untrennbarer Zusammensetzungen" gelehrt wird. Zusammensetzungen werden im Deutschen immer zusammengeschrieben, das hätte man hier gar nicht besonders auszuführen brauchen. Es genügt ja, daß Verbformen wie *er maßregelt, frohlockt, danksagt, staubsaugt* usw. als Wortgruppen (*er Maß regelt, er froh lockt* usw.) gar nicht konstruierbar wären. Ein rechtschreibliches Problem entsteht hier nicht. Hingegen hätte Erwähnung verdient, daß unter den Verbzusammensetzungen, die übrigens meist nur einige wenige Formen bilden, solche sind, die ihr zweites Partizip mit zwischengeschaltetem Präfix *ge-* bilden: *notgelandet, zwangsgeräumt.* Diese und andere Verbzusammensetzungen, die man besonders in den Fachsprachen findet, werden überhaupt etwas lieblos abgefertigt. Man erkennt das auch daran, daß das Wörterverzeichnis die Beispielwörter *sandstrahlen* und *punktschweißen* aus § 33 nicht enthält (auch *hochrechnen* aus § 34 fehlt), obwohl es der selbstverständliche Vorsatz der Reformer war, alle Beispielwörter des Regelwerks in dieses Verzeichnis aufzunehmen.[42]

§ 34 führt dann zu den „trennbaren Verben". Es ist nützlich, sich vorab über dieses „fürchterliche Gespenst"[43] Klarheit zu verschaffen. Bekanntlich werden deutsche Verben seit dreihundert Jahren mit gewissen „Zusätzen" zusammengeschrieben, wenn die Wortstellung es zuläßt. Das ist im sogenannten „Spannsatz" der Fall, bei dem also das Verb am Schluß steht, und ebenso bei Infinitiv und Partizip: *weil er aufsteht; aufstehen; aufgestanden;* aber *er steht auf; auf steht er.* Diese Schreibkonvention hat gar nichts mit „Zusammensetzung" im Sinne der Wortbildungslehre zu tun. „Trennbare Zusammensetzungen" gibt es nicht.

Manchmal wird die Zusammenschreibung in Sonderfällen wie *Aufsteigt der Strahl* (im bekannten Gedicht C. F. Meyers) als erster Schritt zur Entstehung echter Zusammensetzungen bezeichnet. Aber auch dies ist nur eine orthographische Eigenwilligkeit. *Aufsteigt* ist grammatisch gesehen immer noch = *auf steigt*, und bis zu einem prosaischen **Der Strahl aufsteigt* ist es noch ebensoweit wie bisher. Man kann diesen überaus bedeutsamen Sachverhalt auch so darstellen: Im Deutschen haben wir die berühmt-berüchtigte „Satzklammer", die ein Verb oft über große Entfernung mit seinem Zusatz verbindet: *Wann* **hörst** *du endlich mit deinen lästigen Versuchen, die Rechtschreibreform zu kritisieren,* **auf**? Die enorme „Kraft", die diese beiden Teile des verbalen Gefüges zusammenhält, ist dieselbe, die bei Kontaktstellung die Zusammenschreibung begründet: *aufhören*. Es ist aber **nicht** die Kraft, welche die Teile einer Zusammensetzung aneinanderbindet! Gerade die Satzklammer, die dem deutschen Satz sein eisernes Gerüst gibt, verhindert die Entstehung echter Zusammensetzungen.

Wir haben es also bei den sogenannten „trennbaren Verben" mit reinen „Gewohnheitsgefügen" zu tun, und die einzige Schwierigkeit besteht in der Bestimmung derjenigen Zusätze, die überhaupt für eine Zusammenschreibung mit dem Verb in Betracht kommen. Die Beobachtung der Schreibpraxis führt nicht zu eindeutigen Ergebnissen. Die geschichtliche Entwicklung geht von Wortgruppen, deren Zusammenschreibung heute völlig unumstritten ist (*aufstehen*), bis zu jenen Zweifelsfällen, die seit je im Mittelpunkt der Rechtschreibdiskussion stehen (*maschineschreiben, radfahren, ernstnehmen*). Entsprechend unbefriedigend ist die Kodifizierung der Norm im Duden. Wolfgang Mentrup stellt mit Recht fest, daß sich in vielen Fällen kein einleuchtender Grund für unterschiedliche Schreibungen finden läßt.[44]

Das Zusammenschreiben ist eine naturgemäß niemals endgültig festzulegende Praxis. Die Schreibenden deuten damit gewisse strukturelle und semantische Beziehungen an, die dem Leser einen wichtigen Hinweis auf die richtige Betonung und Interpretation des Geschriebenen geben. Wenn es bisher nicht gelungen ist, diese strukturellen und semantischen Beziehungen auf einen Nenner zu bringen, so bedeutet das keineswegs, daß es ein solches einheitliches Prinzip nicht gäbe und die „unglückliche Neigung, alles Mögliche und Unmögliche zusammenzuschreiben"[45] nur eine Marotte der Deutschen wäre, der man tunlichst „entgegenwirken" müsse. Dieser Ansicht sind aber die Rechtschreibreformer, die gleichsam nach dem Grundsatz verfahren: Wenn **wir** es nicht verstehen, versteht es niemand.

Es ist hier nicht unsere Aufgabe, eine eigene Theorie der Verbzusätze aufzustellen. Mustert man die unstrittigen Fälle der Zusammenschreibung, so kann man als Minimalbedingungen festhalten, daß die Bestandteile in obligatorischer (durch kein Satzglied zu unterbrechender) **Kontaktstellung** stehen müssen und daß der Verbzusatz den **Hauptton** des Gefüges trägt.[46] Inhaltlich handelt es sich meist um Richtungs- und Ergebniszusätze.

Artig grüßen

Natürlich konnten die Reformer es nicht wagen, den gordischen Knoten einfach durchzuhauen, also die Zusammenschreiberei insgesamt rückgängig zu machen. Auf einigen Zusammenschreibungen würde die Sprachgemeinschaft bestehen, andere sich möglicherweise abhandeln lassen. Als unmittelbar nach der Wiener Konferenz eine Sondernummer des „Sprachreports" erschien, in der die Ergebnisse jahrzehntelanger Arbeit einer breiteren Öffentlichkeit vorgestellt wurden, traute wohl mancher seinen Augen nicht: Klaus Heller, der Sprecher des Internationalen Arbeitskreises, schrieb dort, *übrig bleiben* solle künftig getrennt geschrieben werden „wie *artig grüßen*". In einer späteren Fassung erläuterte er dieses „wie" gar als „Analogie", und dies ist seither in zahllosen Nachdrucken sowie in den neuen Wörterbüchern und didaktischen Darstellungen wiederholt worden. Schon im Dezember 1994 kam folglich die Frage auf, ob sich die Rechtschreibreformer nach dem Scheitern fast aller weiterreichenden Pläne (wie sie 1989 und sogar noch im Entwurf von 1992 erkennbar waren) möglicherweise einen Scherz erlauben wollten. Auch der Laie spürt ja geradezu körperlich, daß eine solche „Analogie" ganz unmöglich ist.

Der umfangreiche Paragraph 34 versucht es zuerst mit einer geschlossenen Liste von knapp hundert „Partikeln", die mit dem Verb zusammengeschrieben werden, von *ab-*, *an-* bis *zuwider-*, *zwischen-*. Geschlossene Listen sind ein gefährliches Werkzeug. Man darf nämlich nichts vergessen. Schon ein flüchtiger Blick zeigt, daß die hundert Partikeln offenbar vom Zufall zusammengeweht sind. *Dabei, dafür, dagegen, daneben* und *dazwischen* sind angeführt, nicht aber *dahinter, darin, darüber, darunter* und *davor*. Es muß also künftig geschrieben werden: *dazwischentreten*, aber *dahinter treten, danebenschreiben*, aber *darunter schreiben*. Der neue Duden stellt die vergessenen Partikeln in einer eigenen Liste von Ausnahmen zusammen, die offenbar wiederum vollständig sein soll, es aber keineswegs ist: *dahinter, darin, darüber, darunter* und *davor*. Außerdem soll zusammengeschrieben werden dürfen, wenn die Partikeln verkürzt sind: *darunter schreiben*, aber *drunterschreiben*! Dies stammt anscheinend aus einer früheren Fassung der Liste. Das amtliche Wörterverzeichnis verlangt *drüberfahren, drunterstellen* und weitere Zusammenschreibungen mit *drüber* und *drunter*, doch sind gerade diese beiden Partikeln in der Liste gar nicht enthalten – also sind auch die Zusammenschreibungen unzulässig! Die geschlossene Liste ergibt unplausible und zweifellos nicht gewünschte Unterscheidungen wie *hintenüberfallen*, aber *vornüber fallen*, – nur weil die Autoren vergessen haben, zu *hintenüber* auch das genaue Gegenwort in ihre Liste aufzunehmen. Bertelsmann vollzieht das getreulich nach, während Duden beides wie bisher zusammenschreibt – gegen den Wortlaut des amtlichen Regelwerks, aber zweifellos im Sinne des gesunden Menschenverstandes. Übrigens sah die betreffende Liste 1989 noch ganz anders aus. Sie war kürzer, aber es sind nicht nur Elemente hinzugekommen, sondern auch viele herausgefallen, sei es mit Absicht (wie *abwärts*, *seitwärts* usw.), sei es aus Versehen.

Auf die Liste folgt die Erläuterung E1:

„Aber als Wortgruppe: *dabei* (bei der genannten Tätigkeit) *sitzen*, *daher* (aus dem genannten Grund) *kommen*, *wieder* (erneut, nochmals) *gewinnen*, *zusammen* (gemeinsam) *spielen* usw."

Es ist seltsam, daß in einem Regelwerk, das sich an anderen Stellen durch größtmögliche Ausführlichkeit auszeichnet, mit keinem Wort der grundlegende Unterschied zwischen Verbzusätzen und adverbialen Erweiterungen („Umstandsbestimmungen" oder „Angaben", wie man in der Schule auch sagt) beim Namen genannt wird. Bei letzteren tritt ja die Kontaktstellung – als Voraussetzung der Zusammenschreibung – nur zufällig einmal ein. Ebensooft bleiben die Wörter getrennt: *daß die Kinder zusammen spielen* oder *daß die Kinder zusammen im Garten Indianer spielen*. Hier überhaupt von einer „Wortgruppe" zu sprechen, ist bereits fragwürdig; allerdings wird dieser Begriff ohnehin nirgendwo definiert. Von der Betonung wollen wir gar nicht reden, obwohl sie in den meisten Fällen schon hinreicht, die höchst unterschiedlichen Konstruktionen zu trennen.

Das amtliche Wörterverzeichnis hat zwischen *dafür(halten)* und *dazwischen* (*rufen*) eine Menge Einträge, aus denen niemand klug wird, auch die Wörterbuchmacher nicht, denen man es nicht verübeln kann, daß sie daraus die abstrusesten Interpretationen ableiten. Was soll man zum Beispiel von einem Eintrag wie „d[a]reinsetzen ... § 34(1) ≠ darein setzen" halten? In manchen Fällen scheint an den Unterschied zwischen wörtlicher und übertragener Bedeutung gedacht zu sein. Jedenfalls interpretiert Duden die Regel so, daß *drinsitzen* (und **nur** diese verkürzte Form) eine redensartliche Variante von *in der Patsche sitzen*, *darin sitzen* jedoch wörtlich zu verstehen sei. In einer ganz anderen, zwar trivialen, aber gerade deshalb eher mit § 34 E1 übereinstimmenden Dimension unterscheidet Duden: *Er kann nicht davon lassen*, aber *er soll die Finger davonlassen*. Ebenso Eduscho: *Er soll eines davon ziehen* und *Er soll davonziehen*. Das Fehlen von *davor* in der Partikelliste wird in diesem Wörterbuch so interpretiert: „Eine solche Bedeutungsdifferenzierung ist bei dem Adverb *davor* nicht (mehr) gegeben; es wird daher stets vom Verb getrennt geschrieben: *davor hängen; davor laufen; davor schieben; davor stellen*." Man kann aber durchaus unterscheiden *Sie wollten ihn davor* (= vor dem Eintreffen seiner Komplizen) *hängen* und *Ich will das Schloß davorhängen*.

Vorzügliche Arbeit

Der Mangel an Klarheit hat sich besonders bei der unter E1 erwähnten Partikel *wieder* verhängnisvoll ausgewirkt. Die Umschreibung „erneut, nochmals" ist der letzte Widerschein einer alten Dudenregel, die den mit *wieder* zusammengeschriebenen Verben durch eine Bedeutungsunterscheidung beizukommen versuchte. Getrennt schreiben sollte man, wenn *wieder* in der Bedeutung ́nochmals ́ verwendet wird (*wieder aufrichten*), zusammen hingegen, wenn es ,zurück' bedeutet (*wiedergeben*) oder wenn es zwar ,nochmals' bedeutet, zugleich aber „ein neuer Begriff" entsteht (*wiederaufrichten* = ,trösten').

In der Dudenliteratur wird traditionell leider das echte Kompositum *wiederholen* in die Erörterung eingeschmuggelt, und diesen Fehler setzen die beiden neuen Wörterbücher von Bertelsmann und Duden fort. Duden führt als Beispiel für Zusammenschreibung an: *Das Fernsehstück ist schon mehrfach wiederholt worden*, und Bertelsmann schreibt im Anschluß an *Sie wollen das Geld wiederbekommen* – als Beispiel der Zusammenschreibung in der Bedeutung ,zurück': „Ebenso: *Sie wollen das Stück wiederholen*. (Akzent auf dem Verb)." Gegen diese gar nicht hierhergehörige Bestimmung (an der das amtliche Regelwerk nicht unschuldig ist, da es eben in beiden Fällen von „Zusammensetzungen" spricht) wird dann die Akzentuierung des getrennt zu schreibenden Verbgefüges abgesetzt: „In der Bedeutung ,erneut, nochmals' wird das Gefüge getrennt geschrieben (Akzent auf der Partikel *wieder*): *Sie will die Trophäe wieder holen* (= *erneut*)." Das ist natürlich im höchsten Grade irreführend, denn der wirkliche und erklärungsbedürftige Gegensatz besteht ja gerade zwischen *wiederholen* und *wieder holen*, die durchaus mit gleichem Betonungsmuster auftreten können, vgl. etwa: *Der Ball ist über den Zaun geflogen, du mußt ihn wiederholen* (= *zurückholen*). Obwohl also die Regel bei Bertelsmann so falsch dargeboten wird, daß nicht einmal ein Verständnis des wirklichen Problems erkennbar ist, sind die einzelnen Lösungen richtig – wohl aus Versehen. Erst in späteren Auflagen ist Bertelsmann zu falschen Lösungen übergegangen.

Es erweist sich aber als undurchführbar, die Verwendung der fraglichen Verbkomplexe auf diese beiden Bedeutungen zurückzuführen. *Wiederbeleben* (das der neue Duden getrennt schreibt) bedeutet nicht ´erneut beleben´ (als hätte der wiederbelebende Arzt den Verunglückten zuvor schon einmal belebt), sondern eher ‚ins Leben zurückrufen'. *Wiederentdecken* heißt nicht ‚nochmals entdecken', *wiedererkennen* nicht ‚nochmals erkennen' usw. *Wieder herrichten* wird nach Duden getrennt geschrieben, *wiederherstellen* zusammen. Was ist der Unterschied? *Wiederherstellen* bedeutet zwar gewiß nicht ‚nochmals herstellen', aber *wiederherrichten* bedeutet auch nicht ‚nochmals herrichten'. Der Versuch, das Problem mit Hilfe zweier Bedeutungen von *wieder* zu lösen, kann nicht gelingen, weil er den Kern der ganzen Erscheinung nur über eine Begleiterscheinung angeht. Getrennt geschrieben wird, wenn *wieder* eine freie Angabe ist. Man kann sie durch Änderung der Wortstellung oder Einfügung anderer Glieder erkennen: *Sie hat wieder den Preis geholt.* – Bei Verben wie *wiedererstehen, wiederherstellen, wiederimpfen* usw. sollte die Bedeutung ‚zurück' zugrundegelegt werden – aber wie? *Wiederimpfen* ist doch ein Nochmals-Impfen und kein Zurückimpfen, etwa in dem Sinne, daß der Arzt den Patienten impft und dieser sich dafür revanchiert, indem er zurückimpft . . . Die Interpretation der genannten Paraphrase in E1 verführt fast alle Lexikographen dazu, für *wiedersehen* nunmehr die Getrenntschreibung vorzuschreiben: *Wann werden wir uns wieder sehen?*[47] In Wirklichkeit bedeutet *wieder* in dieser Verbindung nicht ‚nochmals', sondern läßt sich – wenn es denn sein muß – durchaus mit der Bedeutung ‚zurück' erfassen: Das Wiedersehen ist sozusagen die Rückkehr in den Zustand des Beisammenseins. Daher klingt es beinahe falsch oder „doppelt gemoppelt", wenn man *noch einmal* und *wieder* kombiniert: *Wir wollten uns noch einmal wieder sehen* – während dies bei zusammengeschriebenem *wiedersehen* nicht der Fall ist: *Wir wollten uns noch einmal wiedersehen.* Ähnlich ist mit den anderen Verbindungen dieser Art zu verfahren. – Die Tilgung von *wiedersehen* hat mit Recht nicht nur bei Laien Verärgerung hervorgerufen. Als sich aber der Schriftsteller Reiner Kunze, der Politiker Theo Waigel und viele andere darüber beschwerten, orakelte der Reformer Klaus Heller, die Kritiker hätten die Reform selbst mit ihrer „Umsetzung in den Wörterbüchern" verwechselt.[48] Dies war nur einer von vielen Versuchen, die Verantwortung für alle Fehler und Unstimmigkeiten auf die Wörterbuchmacher abzuschieben. Einige Monate zuvor, als es erst zwei neue Wörterbücher gab und die Widersprüche noch nicht so allgemein bekannt waren, hatten die Reformer Sitta und Gallmann allerdings geschrieben:

> „Auch wenn man alles, was an Vorwürfen gegen die Umsetzung der Reform in den neuen Wörterbüchern zu lesen war, zusammenrechnet, kommt man auf Prozentsätze, die das öffentliche Gegacker nicht wert sind, das da veranstaltet wird. Von geringen Ausnahmen abgesehen, die man getrost als Petitessen oder – dem Zeitgeist entsprechend – als Peanuts abtun kann, ist vorzügliche Arbeit geleistet worden – nicht nur beim Duden, aber auch und vor allem beim Duden."[49]

Wie sehr gerade dieser Teil mißlungen ist, kann man sinnfällig beim Vergleich der Wörterbücher von Bertelsmann und Duden erleben: Viel Rotdruck (für „Neuschreibung") hier, überhaupt kein Rot dort. Allerdings ändern sich die Einträge bei Bertelsmann von Monat zu Monat, denn ungefähr in diesem Rhythmus erscheinen veränderte Neuauflagen, die übrigens trotz tiefgreifender Änderungen nicht als solche gekennzeichnet sind. Aber dies ist wieder ein anderes Kapitel.

Mies gemacht

Die nächste Gruppe der zusammenzuschreibenden Verbkomplexe betrifft „Adverbien oder Adjektive" als Zusätze, und zwar zunächst solche Fälle, bei denen „der erste, einfache Bestandteil in dieser Form als selbständiges Wort nicht vorkommt". Angesichts der ersten Gruppe (mit *fehl-, feil-, kund-* und *weis-*) fragt man sich, woher die Autoren die Wortart („Adverbien oder Adjektive") der ersten Bestandteile kennen, wenn diese gar nicht als selbständige Wörter vorkommen. Übrigens kommt *feil* durchaus als selbständiges Adjektiv vor. 1995 enthielt die Liste (wie schon 1989) noch das Verb *brachliegen,* doch haben sich die Verfasser offenbar inzwischen davon überzeugen lassen, daß *brach* sehr wohl als selbständiges Adjektiv vorkommt. Vielleicht wäre dies mit *feil* auch bald geschehen, hätten sie sich nur mehr Zeit genommen.

Von ungleich größerer Bedeutung ist der nächste Absatz, der Adjektive und Adverbien dann zur Zusammenschreibung zuläßt, wenn sie „weder erweiterbar noch steigerbar" sind. Nach der bisherigen Regelung wird im allgemeinen getrennt geschrieben, wenn das Adjektiv tatsächlich erweitert oder gesteigert ist. Das ist eine verhältnismäßig handfeste Angelegenheit, denn das fragliche Wortmaterial ist jeweils schon bekannt, wenn man über seine Schreibweise zu befinden hat. Nach der Neuregelung aber muß man erst eine Reihe von Gedankenexperimenten anstellen – ein Abenteuer mit ungewissem Ausgang. Natürlich wird man *freisprechen* (*einen Angeklagten freisprechen*) zusammenschreiben, *frei sprechen* (= eine freie Rede halten) aber nicht. Im zweiten Fall ist *frei* ja eine Angabe und gar nicht mit dem Ergebniszusatz im ersten Fall zu vergleichen. Man kann die Angabe im Unterschied zum Verbzusatz auch durch eingeschobene Satzglieder vom Verb trennen: *weil er frei über seine Vergangenheit sprach.* Mit der Erweiter- oder Steigerbarkeit hat die unterschiedliche Schreibweise eigentlich überhaupt nichts zu tun, sondern es sind ganz bestimmte sachliche Gründe, die im ersten Fall eine solche Veränderbarkeit ausschließen. Ein Richter kann eben einen Angeklagten nicht nur ein bißchen frei sprechen oder freier als einen anderen. *Totschlagen* wird weiterhin zusammengeschrieben, anscheinend deshalb, weil niemand töter als tot sein kann – eine ziemlich kindliche Überlegung, die der Sprachwirklichkeit nicht einmal gerecht wird. Denn **sagen** kann man sehr wohl: *Er hat ihn fast ganz tot geschlagen.* Irgendeine pedantische Überlegung, die aber durchaus auf der Linie der Neuregelung liegen dürfte, hat den Duden denn auch dazu bewogen, *sich tot stellen* getrennt zu schreiben; Bertelsmann bleibt bei *totstellen. Bekannt machen* wird laut Regelwerk getrennt geschrieben, weil man „etwas noch bekannter machen, etwas ganz bekannt machen" kann (§ 34 E3 (3)). Amtliche Vorgänge werden aber entweder bekanntgemacht oder nicht, eine Abstufung ist hier nicht vorgesehen. Anders natürlich bei informellem *bekannt machen*:

> *Hans Mommsen, der sich mit differenzierten Argumenten als einer der Wortführer in der Goldhagen-Kontroverse einer breiteren Öffentlichkeit bekannt machte ...*[50]

Hier handelt es sich offensichtlich nicht um eine „Bekanntmachung", und für solche Fälle muß die Möglichkeit der Getrenntschreibung selbstverständlich offengehalten werden. Dasselbe gilt für *offenlegen,* das neuerdings getrennt geschrieben werden soll. Dieses Wort, das dem amtlichen Deutsch angehört, läßt im allgemeinen keine Steigerung oder Erweiterung zu; man denke an offengelegte Bebauungspläne oder Patentschriften. Für *bekannt geben* (nach den Wörterbüchern jetzt getrennt zu schreiben) wird leider nicht gezeigt, wie die Steigerung funktionieren soll. *Großschreiben* soll zusammengeschrieben werden, wenn es sich auf das Schreiben mit großen Anfangsbuchstaben bezieht, jedoch getrennt, wenn ein Schreiben mit großen Buchstaben gemeint ist. Hier liegt die sachliche Überlegung zugrunde, daß auch kleine Großbuchstaben Großbuchstaben sind – ein Unterschied des Typs und nicht des Grades. Dasselbe könnte man von *hart gekochten* Eiern sagen (nur noch getrennt). Aber solche ganz speziellen sachlichen Bedingungen, die von Fall zu

Fall anders aussehen, können unmöglich als Kriterium in eine allgemeine Regel eingehen. (Meine Anfrage, wie zu verfahren sei, wenn ein durchgängiges Schreiben in kleinen GROSS-BUCHSTABEN bezeichnet werden soll, blieb bis heute unbeantwortet ...)

Das Verbgefüge *kaltstellen* soll auch in Zukunft getrennt geschrieben werden, wenn man den ersten Bestandteil erweitern kann: *den Wein sehr kalt stellen*. Wird das Verb jedoch in übertragenem Sinn gebraucht, so entfällt die Erweiterbarkeit, und man soll zusammenschreiben: *einen Politiker kaltstellen*. Hier liegt der Unterschied also nur darin, daß das Verb einmal wörtlich und einmal übertragen gebraucht wird. Grammatisch gesehen, gibt es zwischen dem wörtlich und dem metaphorisch gebrauchten Verbgefüge keinerlei Unterschied. Es ist in jedem Fall genauso gebaut wie *freisprechen*.

Hochfliegen soll in übertragener Bedeutung zusammengeschrieben werden, weil das Adjektiv nicht steigerbar ist: *Dieses Schwindelunternehmen wird bald hochfliegen*. Dagegen sollen adverbiales *hoch fliegen* (= oben fliegen) und die Fügung mit Richtungszusatz *hochfliegen* (= nach oben fliegen) wegen der Steigerbarkeit gleichermaßen getrennt geschrieben werden. Damit wird der eigentliche, auch grammatisch faßbare Unterschied verwischt, und ein völlig uninteressanter Nebeneffekt des übertragenen Gebrauchs wird zum allesentscheidenden Kriterium hochgespielt.

Wie man längst gesehen hat, bringt das Kriterium der Erweiter- und Steigerbarkeit den alten Unterschied zwischen wörtlicher und übertragener Bedeutung wieder zur Geltung, der allerdings schon im alten Duden inkonsequent angewandt und mit der ganz andersartigen Unterscheidung zwischen beschreibendem und klassifizierendem Gebrauch verquickt war. Bei letzterem sprach der Duden gern von einem „neuen Begriff", der durch Zusammenschreibung zu sichtbarem Ausdruck zu bringen war. Es kennzeichnet gerade die eingebürgerte und daher abgeblaßte oder gar tote Metapher, daß die Sprecher sie nicht produktiv ausbauen und abwandeln, wozu eben auch die Erweiterung und Steigerung gehören würde. Wäre das Bild vom „Kaltstellen" eines Politikers noch ganz lebendig, so könnte der Sprecher ohne weiteres sagen, dieser Politiker werde kälter gestellt als jener oder gar ganz eingefroren, bei Gelegenheit wiederaufgetaut usw.

Miesmachen wird neuerdings getrennt geschrieben, nach Bertelsmann sogar mit zwei Starktönen: *mies ma̲chen*. Nehmen wir Dudens Beispiel hinzu: *er hat das Buch mies gemacht* – so haben wir eine Zweideutigkeit mehr, die uns nach der alten Regelung erspart geblieben wäre.

Dieser wirre Teil des Regelwerks veranlaßt die beiden Schweizer Reformer zu dem Seufzer:

„Probleme bei der Getrennt- und Zusammenschreibung von Fügungen aus Adjektiv und Verb wird man in der Praxis auch fernerhin nur mit dem Rechtschreibwörterbuch lösen müssen."[51]

Die nächste Gruppe ist wiederum eine Liste von acht „(teilweise auch verblassten) Substantiven", die mit dem Verb zusammengeschrieben werden. Nur bei *heim-* deutet der Zusatz „zum Beispiel" an, daß neben *-bringen*, *-fahren* usw. noch weitere Transport- und Bewegungsverben als Kern in Frage kommen. Im übrigen kann die Liste als geschlossen angesehen werden. Daher ist es überflüssig, auf die Wortart des ersten Bestandteils gesondert einzugehen, zumal der Begriff der „Verblaßtheit" ohnehin fragwürdig ist.[52] Auch handelt es sich bei *irre-* gar nicht um ein Substantiv, nicht einmal um ein verblaßtes. Einige Jahre zuvor umfaßte die Liste übrigens noch vierzehn Einheiten, und selbst der Entwurf von 1992 enthielt noch *achtgeben*, das inzwischen zu *Acht geben* aufgelöst ist. Die rasche Veränderung deutet darauf hin, daß die Verfasser im Grunde nicht wissen, warum jeweils zusammen- oder getrennt geschrieben werden soll.

Die ganze zweite Hälfte des umfangreichen Paragraphen 34, also die weit ausgreifende Rubrik E3, ist eigentlich überflüssig, da sie (mit einer sogleich zu nennenden Ausnahme) dasselbe darstellt wie die erste Hälfte, nur gleichsam als Negativabdruck. Es werden diejenigen Fälle aufgezählt, bei denen Getrenntschreibung eintritt, weil sie eben nicht unter die einzelnen Nummern der ersten Hälfte fallen, welche die Zusammenschreibung erlauben. Eingeleitet wird dieser zweite Teil mit den Worten:

„In den Fällen, die nicht durch § 34(1) bis (3) geregelt sind, schreibt man getrennt. (...) Dies betrifft:"

Es folgt eine Regel, die Zusammenschreibung am Satzanfang ausschließt: *Hinzu kommt ...*; *Fest steht ...* u. ä. – Dies sind aber keineswegs Fälle, die durch (1) bis (3) ausgeschlossen werden, vielmehr werden sie bereits durch die Oberregel von § 34 (im Kasten) ausgeschlossen, der ja die **grammatischen** Bedingungen festlegt, unter denen Zusammenschreibung überhaupt erst in Betracht kommt: bei unpersönlichen Formen und bei Endstellung des Verbs. Die Punkte (1) bis (3) hingegen befassen sich mit der Selektion von **Wörtern**, welche für die Zusammenschreibung kandidieren. Die zitierte Nummer E3 (1), eine schlichte Folge der grundlegenden deutschen Verbstellungsregel für den Aussagesatz, ist also an dieser Stelle ein regeltechnischer Querschläger.

Die nächste Gruppe ist das Negativbild von (2.1): „(zusammengesetztes) Adverb + Verb". Die Adverbien kommen nicht selbständig vor, sind aber auch nicht „einfach" (wie in (2.1)), sondern „zusammengesetzt", daher: *abhanden kommen*, *anheim stellen* usw.; allerdings steht diese Bestimmung in

Klammern, so daß man nicht recht weiß, welche Rolle die Zusammengesetztheit in Wirklichkeit spielt. Die Wörterbücher interpretieren diese willkürliche Bestimmung unterschiedlich.

Auf die Gruppe mit *abhanden* folgt eine ebenfalls offene Gruppe, die nur Zusammensetzungen mit *einander* umfaßt, ohne daß dies jedoch ausdrücklich gesagt würde: *aneinander denken, aufeinander achten, auseinander gehen, durcheinander bringen* usw. Es sind erst die Wörterbücher und didaktischen Aufbereitungen, die daraus – wahrscheinlich mit Recht – die allgemeine Regel herleiten, daß Zusammensetzungen mit *einander* nicht mit dem Verb zusammengeschrieben werden. Die Gruppe umfaßt, wie man sieht oder noch besser hört, völlig Unvergleichbares. Die jetzt verordnete Getrenntschreibung für so unterschiedliche Konstruktionen führt zur Verwischung grundlegender Unterschiede. Zwischen Geschwistern, die liebevoll *aneinander h*ä*ngen*, und siamesischen Zwillingen, die unglücklicherweise *aneina*̣*nderhängen*, wird in der Schrift nicht mehr unterschieden. Nach dieser Unterregel wäre auch zu schreiben: *sich mit einer Sache auseinander setzen!* Das ist ein so unerhörter Angriff auf Sinn und Verstand des Lesers, daß die wenigen Zeitungen und Zeitschriften, die in vorauseilendem Gehorsam auf die Neuschreibung umgestellt haben, regelmäßig dagegen verstoßen.

Nummer (3) entspricht ungefähr (2.2), umfaßt also erweiterbare bzw. steigerbare erste Bestandteile. Über Fälle wie *bekannt machen* usw. ist oben schon das Nötigste gesagt worden. Daß zwischen *bekannt machen* und *sauber schreiben* kein Vergleich möglich ist, bedarf keiner näheren Erörterung mehr. Wie bereits in der vorigen Gruppe werden wichtige, auch durch die Betonung angezeigte Unterschiede durch solche irreführenden Parallelen eingeebnet. Es versteht sich doch von selbst, daß freie Angaben, die nur zufällig einmal in Kontaktstellung vor dem Verb erscheinen (*weil er sauber schreibt*, aber: *weil er es sauber an die Tafel schreibt*), als Kandidaten für Zusammenschreibung überhaupt nicht in Betracht kommen, während dies bei den Zusätzen wie *bekannt(machen)*, *genau(nehmen)* usw. sehr wohl der Fall ist.[53]

Das Wörterverzeichnis hält es für nötig, *gleich kommen* im Sinne von *sogleich* oder *sofort kommen* und *gleichkommen* (= *gleichen*) zu unterscheiden und verweist auf § 34 E3 (3). Die beiden Ausdrücke liegen semantisch und ihrem Bau nach (als freie Angabe und als Verbzusatz) so weit auseinander, daß solche Hinweise unnötig sind. Andererseits werden die Unterschiede zwischen *leicht fallen* und *leichtfallen*, *schwer fallen* und *schwerfallen* durch die erzwungene neue Getrenntschreibung unkenntlich gemacht. Bertelsmann setzt darüber hinaus ein zweites Betonungszeichen unter das Verb, womit die Wörter *leichtfallen* und *schwerfallen* nicht nur versteckt, sondern endgültig vernichtet sind.[54]

Nun aber folgt, in einem unscheinbaren Absatz, die oben angekündigte Ausnahme von der spiegelbildlichen und eigentlich überflüssigen Negativ-Darstellung des bereits in der ersten Hälfte Dargebotenen:

> „Fälle, in denen der erste Bestandteil eine Ableitung auf
> *-ig, -isch, -lich* ist, zum Beispiel:
> *lästig fallen, übrig bleiben; kritisch denken, spöttisch reden;*
> *freundlich grüßen, gründlich säubern*.“

Zwei Verbzusätze (die ersten beiden Beispiele) werden also auch hier einer Reihe von Angaben zugesellt, mit denen sie keinerlei Verwandtschaft oder Ähnlichkeit haben; selbstverständlich ist auch die Betonung wiederum eine ganz andere. Zugleich erkennen wir, daß die anfangs behauptete Hellersche „Analogie" nicht einmal im Sinne der an sich schon absurden Neuregelung zutrifft: *Übrig bleiben* soll nach dem Wunsch der Reformer keineswegs „in Analogie" zu *freundlich grüßen* bzw.

artig grüßen getrennt geschrieben werden, sondern weil es mit einem Adjektiv auf *-ig* gebildet ist. Andernfalls müßte es nach (2.2) zusammengeschrieben werden.

Es liegt auf der Hand, daß dieser kleine Absatz von grundsätzlicher Bedeutung ist, wirkt sich doch die darin enthaltene, gleichsam aus heiterem Himmel niederfahrende Regel auf eine offene Anzahl von Adjektiv-Verb-Konstruktionen aus. Davon kann man sich durch einen Blick in die neuen Wörterbücher überzeugen. So wird *freisprechen* wie bisher zusammengeschrieben, das genau gleich gebaute *heiligsprechen* soll jedoch in Zukunft getrennt geschrieben werden, weil das Adjektiv auf *-ig* endet: *heilig sprechen* (wie bisher schon *schuldig sprechen*). Ebenso *fertig stellen* usw. (viel Rot im neuen Duden!), aber *bereitstellen*. Jeder fragt sich, was die Adjektivausgänge mit der Getrennt- und Zusammenschreibung zu tun haben. Die Antwort muß lauten: gar nichts. Die willkürliche neue Regel entspringt nur dem Wunsch, die Zusammenschreibungen auf Biegen und Brechen zurückzudrängen.

Auch die folgende Gruppe (4) ist höchst ungleich zusammengesetzt. Sie legt fest, daß Partizipien nicht mit Verben zusammengeschrieben werden: *gefangen nehmen, geschenkt bekommen, getrennt schreiben, verloren gehen.* Bei *getrennt schreiben* haben wir wieder eine Angabe mit allenfalls zufallsbedingter Kontaktstellung. Bei *geschenkt bekommen* handelt es sich um ein besonderes Passiv zum Dativ (*ich schenke es dir —> du bekommst es von mir geschenkt*) mit hilfsverbähnlichem *bekommen*, dessen Getrenntschreibung sich an anderen Hilfsverbkonstruktionen orientieren könnte.

Die Gruppe (5) umfaßt die seit langem umstrittenen Kombinationen aus Substantiv und Verb und legt Getrennt- sowie Großschreibung fest: *Auto fahren, Rad fahren* usw. Obwohl *pleite* auch als Adjektiv geführt wird (daher *pleite sein*), soll man schreiben *Pleite gehen*, aber (wie bisher) *kaputtgehen*; dabei ist *kaputt* hier erweiterbar. Aber alle Komposita mit *kaputt-* werden entgegen § 34 E3 (3) zusammengeschrieben!

Wie fragwürdig die Neuschreibungen *Leid tun* und *Not tun* sind, werden wir bei der Betrachtung der neuen Großschreibung sehen.

Unter (6) wird bestimmt, daß alle Kombinationen aus Infinitiv + Verb getrennt zu schreiben sind: *kennen lernen, liegen lassen, sitzen bleiben, spazieren gehen.* Auch hier werden offenbar sehr unterschiedliche Gefüge gewaltsam über einen Leisten geschlagen. Peter Eisenberg[55] hat gezeigt, daß es entgegen den Behauptungen der Reformer[56] sehr wohl formal-grammatische Proben gibt, die zur Ungleichbehandlung der fraglichen Verbindungen berechtigen: *weil sie ihn zu lieben lernt,* aber **weil sie ihn zu kennen lernt* usw. Mit der allgemeinen Getrenntschreibung wollte man zunächst eine scheinbare Unregelmäßigkeit beseitigen, die sich in der Duden-Literatur etwa so las: „Entsteht kein neuer Begriff, so wird in einigen Fällen (z. B. *spazierengehen*) trotzdem zusammengeschrieben."[57] Aber hier entsteht durchaus etwas Neues. Im Gegensatz zu *baden gehen, schlafen gehen* usw., die seit je getrennt geschrieben werden, bedeutet *spazierengehen* gerade nicht „sich anschicken zu spazieren" oder „sich aufmachen, um zu spazieren" (wie es bei *schlafen gehen* usw. der Fall ist), sondern es bedeutet das Spazieren selbst, eben den „Spaziergang". Die Zusammenschreibung war daher nicht unmotiviert (ähnlich Dückert/Kempcke: *spazierenfahren, -gehen, -reiten* als „Abschattungen des Grundwortes"[58]). Gallmann und Sitta mokieren sich zu Unrecht über die alte Vorschrift, *spazierengehen,* aber *einkaufen gehen* zu schreiben.[59] Der Neuregelung rühmen sie nach: „Es gibt keine Ausnahmenlisten mehr."[60] Die Unterschiede sind objektiv vorhanden; ob man sie durch das Hilfsmittel der Zusammenschreibung zum Ausdruck bringen will, ist eine andere Frage.

Dasselbe gilt für einen etwas größeren Komplex von verbalen Gefügen. Die Reformer rühmen sich, eine alte Dudenspitzfindigkeit beseitigt zu haben, nämlich Unterscheidungen wie *stehenbleiben* und *stehen bleiben* (so Gallmann/Sitta 1996: 47). Es ist zuzugeben, daß die Erklärung dieses Unterschieds nicht immer optimal gelungen war; zum Beispiel wird in Duden Bd. 9 wieder der leidige übertragene Gebrauch mit dem eigentlichen, grammatischen Unterschied verwechselt und vermischt. Daß ein Druckfehler *stehenbleibt* und nicht wie ein Bote, der sich nicht setzen darf, *stehen bleibt*, ist gewiß Unfug. Ihrem grammatischen Bau nach sind beide Wendungen identisch, nur einmal übertragen und einmal wörtlich gebraucht. Gallmann und Sitta übernehmen leider die Redeweise von „wörtlicher und übertragener Bedeutung"[61], als ob es bei *stehenbleiben* und *stehen bleiben* darum ginge. In Wirklichkeit gilt natürlich folgendes: Wer *stehenbleibt*, kommt zum Stehen; wer dagegen *stehen bleibt*, steht weiterhin. Während ich an der Türklinke *hängenbleibe*, sagt man von einem Bild, daß es *hängen bleibt*, wo es hängt. Auch könnte man sich eine Möglichkeit wünschen, zwischen *gehen lassen* (= ´zulassen, daß etwas weiterhin geht´) und *gehenlassen* (= ´freilassen´) zu unterscheiden (übrigens analog der traditionellen Unterscheidung zwischen [einen Platz] *frei lassen* und [einen Vogel] *freilassen*). Sind diese reihenbildenden Unterschiede wirklich so subtil, daß ihre Beseitigung gerechtfertigt wäre? Die obligatorische Getrenntschreibung aller einschlägigen Fälle läßt wieder Möglichkeiten der Ausdrucksdifferenzierung verlorengehen.

E4 – eine der zahlreichen Beliebigkeitsklauseln – gibt in einer höchst umständlichen und, wie der gesamte Paragraph 34, auf der fehlerhaften Theorie der „trennbaren Zusammensetzungen" beruhenden Ausdrucksweise den nicht besonders geistreichen Rat: Wenn man nicht weiß, ob man Adjektiv und Verb getrennt oder zusammenschreiben soll, kann man sie getrennt oder zusammenschreiben.

§ 35 lautet: „Verbindungen mit *sein* gelten nicht als Zusammensetzung. Dementsprechend schreibt man stets getrennt."

Da die Lehre von den Zusammensetzungen falsch ist, reduziert sich die neue Regel unter Weglassung der Pseudobegründung darauf, daß Verbindungen mit *sein* getrennt geschrieben, die bisher in der Dudenliteratur vorgenommenen Unterscheidungen also nicht länger berücksichtigt werden sollen.

Lang bis zum Knie

Das nächste Unterkapitel behandelt die Getrennt- und Zusammenschreibung mit Adjektiven und Partizipien als Kernwörtern.[62] Die Fortführung der Redeweise von „Zusammensetzung" und „Wortgruppe" suggeriert, daß es sich um eine schlichte Fortsetzung der unter § 34 behandelten Thematik handelt. Das ist natürlich nicht der Fall, denn nun geht es erstmals wirklich um die Unterscheidung von Zusammensetzungen einerseits und Wortgruppen andererseits. Hier gilt uneingeschränkt, daß Zusammensetzungen zusammengeschrieben werden und Wortgruppen nicht, während die Besonderheit bei den Verben gerade darin bestand, daß auch Wortgruppen unter gewissen Bedingungen zusammengeschrieben werden.

Bei den Adjektiven und Partizipien ergibt sich ein Abgrenzungsproblem daraus, daß einige dieser Wörter eine Ergänzung im Akkusativ bei sich haben können, so daß sich aus demselben Material eine Wortgruppe oder auch eine Zusammensetzung bilden läßt: *Besorgnis erregend* oder *besorgniserregend*. Dazu läßt sich vorab sagen, daß eine abschließende Festlegung auf die eine oder die andere Schreibweise sich verbietet, denn die Wortgruppe *Besorgnis erregend* ist nach den Regeln der deutschen Grammatik jederzeit konstruierbar, und die Komposition *besorgniserregend* hat aus bestimmten Gründen ebenfalls ein unbezweifelbares Existenzrecht. Das ist im Grunde ganz einfach, aber was macht die Neuregelung daraus?

Die erste Untergruppe von Komposita dieser Art wird definiert als „Zusammensetzungen, bei denen der erste Bestandteil für eine Wortgruppe steht" (§ 36 [1]). Das ist eine aus der früheren Duden-Literatur übernommene, etwas linkische Umschreibung dafür, daß das Kompositum als getrennt zu schreibende Wortgruppe bei gleicher Bedeutung nicht konstruierbar wäre, folglich tatsächlich eine Zusammensetzung ist: *hitzebeständig* (= *gegen Hitze beständig*, nicht **Hitze beständig*), *herzerquickend* (= *das Herz erquickend*, nicht aus **Herz erquikkend* oder **Herz erquicken* ableitbar) usw. Mit diesem Kriterium der Nichtkonstruierbarkeit lassen sich Komposita ganz allgemein abgrenzen.

Das Zurückgreifen auf Wortgruppen, „für die" ein Bestandteil des fraglichen Gefüges steht, ist nicht immer umstandslos möglich. Oft kommt es zu sprachwidrigen Auflösungen wie *knielang* = *lang bis zum Knie* (§ 36 [1]). Bei anderen Komposita würde man sehr gern erfahren, für welche Wortgruppen sie stehen, *geschlechtsreif* zum Beispiel; sie werden aber lediglich aufgezählt. Bertelsmann exemplifiziert die Regel an *herzallerliebst* und *herzensgut*, hütet sich aber, die Wortgruppen zu nennen, „für die" der erste Bestandteil hier stehen soll.

Nach dem genannten Kriterium werden sehr ähnlich gebaute Fügungen ganz verschieden behandelt: *schweißtreibend*, aber *Wasser abstoßend* – weil man vielleicht eher sagen würde: *Wasser abstoßen*, aber *den Schweiß treiben*. Daher auch *Blut bildend*, *Blut saugend*, aber *blutreinigend*, *blutstillend*. Im ersten Fall ist abstrakt an den Stoff zu denken, im zweiten konkret an die bei einer **bestimmten** Gelegenheit (einer Krankheit oder einer Verletzung) austretende oder in anderer Weise problematisch werdende Körperflüssigkeit. Von einem Dialyseapparat könnte man jedoch sagen, daß er schlechthin *Blut reinigt*, er ist also eine *Blut reinigende* Maschine. Manche Substantive gehören von vornherein zu verschiedenen semantischen Klassen, werden daher teils mit, teils ohne Artikel gebraucht. Man sucht *Arbeit* (ein Abstraktum), aber *eine Wohnung* (konkret). Nach der Neuregelung folgt daraus: *Arbeit suchend,* aber *wohnungsuchend.* Während bei *Wohnung* der abstrakte Gebrauch unüblich geworden, aber nicht ganz unmöglich ist (*Er sucht Wohnung [= Unterkunft] bei seinen Freunden*), ist das bei *Unterkunft* oder *Obdach* noch nicht der Fall, daher: *Er sucht Obdach.* Daß der Artikelgebrauch einen bestimmenden Einfluß auf die Wortbildung und -schreibung haben sollte, ist nicht besonders einleuchtend, und so finden wir bei Bertelsmann bezeichnenderweise den widersprüchlichen Eintrag: „*harntreibend*; ein Harn treibendes Mittel".

Bahnbrechend wird irrigerweise als *sich eine Bahn brechend* paraphrasiert. Was sich selbst eine Bahn bricht, nennt man aber nicht *bahnbrechend,* sondern zum Beispiel *erfolgreich.* Das Bahnbrechende bricht stets einem anderen Bahn. Daraus folgt, daß kein Wort weggefallen ist, *bahnbrechend* nach der Neuregelung von der artikellosen verbalen Wendung *Bahn brechen* (die sogar im Wörterverzeichnis steht) abgeleitet und nach § 36, E1 (1.2) wie *Rat suchend* usw. getrennt geschrieben werden müßte! Da dies offenbar kein wünschbares Ergebnis ist, dürfte mit der Regel selbst etwas nicht stimmen.

Ob man *Gefahr drohend* schreibt (Wörterverzeichnis und Bertelsmann) oder bei *gefahrdrohend* bleibt (Duden Universalwörterbuch; das Rechtschreibwörterbuch hat den Eintrag gegenüber der 20. Auflage vorsichtshalber ganz getilgt), hängt offenbar davon ab, wie man die etwas altertümliche Wendung *Gefahr drohen* einschätzt. (Bei *freudestrahlend* hat sich das Wörterverzeichnis gerade umgekehrt entschieden.) Das Eduscho-Wörterbuch benutzt die Gelegenheit dazu, folgende Sätze vorzuführen: *Die Lage ist Gefahr drohend. Eimer schwenkend lief sie zum Stall. Die Ader ist Erz führend.* In der Neubearbeitung ist daraus geworden: *Die Lage ist Erfolg versprechend. Furcht einflößend erhob er sich. Die Ader ist Erz führend.* Anscheinend hat man bemerkt, daß *Eimer schwenkend* nicht dasselbe bedeutet wie *eimerschwenkend* (denn im ersten Fall wird notwendigerweise eine Vielzahl von Eimern vorausgesetzt, im zweiten hingegen nicht). Die neuen Beispiele entsprechen dem Regelwerk besser, obwohl sie in anderer Hinsicht ebenfalls grotesk sind (s. unten).

Wo überhaupt keine Ergänzungsstellen offenstehen wie bei *naß* (*tropfnass*) oder gar ein Fugenelement vorhanden ist (*anlehnungsbedürftig*), entfällt die Frage nach der Konstruierbarkeit als Wortgruppe. Es ist überflüssig, dergleichen anzuführen.

Die Nummern (2) (*schwindsüchtig*) und (3) (*teilnehmend* wegen *teilnehmen*) sind ebenfalls unproblematisch. Nummer (4) legt Zusammenschreibung für Komposita wie *blaugrau* fest, womit man inhaltlich einverstanden sein wird; nur die Formulierung „Zusammensetzungen aus gleichrangigen (nebengeordneten) Adjektiven" ist nicht besonders klar.

Halb seiden, halb nackt

Nach § 36 (5) werden „Zusammensetzungen mit bedeutungsverstärkenden oder bedeutungsmindernden ersten Bestandteilen" zusammengeschrieben; d. h. sie gelten als echte Zusammensetzungen. Als Beispiele werden aufgelistet: *bitter-* (*bitterböse, bitterernst, bitterkalt*), *brand-, dunkel-, erz-, extra-, gemein-, grund-, hyper-, lau-, minder-, stock-, super-, tod-, ultra-, ur-, voll-.* Wie man sieht und hört, fallen darunter ganz verschiedene Gebilde. Einige kommen nur mit gleichmäßiger Betonung des ersten und des zweiten Gliedes vor (*todlangweilig*), andere

71

(auch) mit Erstgliedbetonung wie normale Determinativkomposita (*su̱perschlau*).

Die Rede von der „Bedeutungsverstärkung" und „-verminderung" ist sehr unklar. Darauf mag es beruhen, daß die Wörterbücher diese Regel unterschiedlich anwenden und viele unplausible Lösungen finden. *Dunkelblau* und *hellgelb* werden bei Bertelsmann gleichermaßen als Fälle von „Bedeutungsverstärkung" verzeichnet. Aber ein dunkles Blau ist kein blaueres Blau, ein helles Gelb kein gelberes Gelb – was also ist gemeint?

Die Wörterbücher bemühen sich, auch Zusammensetzungen mit *halb* unter diese Nummer zu bringen, wozu sie durch den Eintrag *halbamtlich* ≠ *halb amtlich* im Wörterverzeichnis ausdrücklich ermuntert werden. Zwischen diesen beiden Fügungen besteht zunächst einmal ein deutlicher Betonungsunterschied, und das gilt auch für alle anderen Gebilde dieses Typs. An keiner Stelle wird jedoch auf dieses hervorstechende Kriterium eingegangen, obwohl es von der erwünschten „formalen" Art ist und sich damit von dem sonst perhorreszierten semantischen Kriterium abhebt, das die Reform hier aber als einziges gelten lassen will. *Halbamtlich* soll also offenbar die Bedeutung haben ´nahezu amtlich´; der andere, getrennt geschriebene Fall wird leider nicht definiert. Bertelsmann schreibt einfach: „Ansonsten gelten Verbindungen mit *halb* als getrennt zu schreibende Wortgruppen: *halb fertig, halb nackt, halb offen, halb voll*." Nach diesem Wörterbuch und ebenso nach Duden könnte man also meinen, daß die ausdrücklich getrennt geschriebenen Einträge überhaupt nicht mehr zusammengeschrieben vorkommen. Auch Duden führt nur bei *halbamtlich/halb amtlich*, weil es so im Wörterverzeichnis steht, beide Möglichkeiten an und erläutert durch ein Beispiel: *„eine halbamtliche Nachricht*, aber *etwas geschieht halb amtlich, halb privat"*. – Es verwundert, daß die Wörterbücher aus dem Eintrag im Wörterverzeichnis nicht die Folgerung gezogen haben, in **allen** Fällen beide Möglichkeiten vorzusehen, und zwar mit einer analogen Bedeutungsunterscheidung. Wie man bei einem Blick auf die entsprechenden Spalten feststellen kann, läuft die Neuregelung auf die Beseitigung einiger Komposita zugunsten von Wortgruppen hinaus. Bertelsmann setzt eindeutig einen zweiten Akzent unter den nunmehr abgetrennten zwei-ten Bestandteil *halb nackt*, *halb reif*. Die Existenz von *halbnackt*, *halbreif* usw. wird also bestritten. Das ist zweifellos unzulässig.

Die Interpretation ist im einzelnen aber auch unrichtig. *Halbleinen* bedeutet nicht ‚ein wenig leinen‘; vielmehr handelt es sich hier um einen Fachausdruck der Textilkunde: *Halbleinenes* Gewebe besteht aus Halbleinen, d. h. es muß mindestens 40 Gewichtsprozent Leinen und darüber hinaus Baumwolle enthalten. Auch ist nicht jede Schokolade, die einem etwas bitter vorkommt, *halbbitter*.

Reinseiden und *rein seiden* werden von der Neuregelung als austauschbar und gleichbedeutend behandelt. Bisher bedeutete *reinseiden* ‚aus reiner Seide‘ (bzw. aus *Reinseide*, wie man auch sagt), *rein seiden* jedoch ‚rein aus Seide‘. Entsprechend bei *reingolden* und *rein golden*. So ungefähr war es auch in Duden Bd. 9 erläutert, und es war sinnvoll. Mit der Getrenntschreibung gehen natürlich zwei Starktöne einher, ein untrügliches Zeichen der strukturellen Verschiedenheit, das von der Neuregelung aber gar nicht berücksichtigt wird.

Mit *gemein* werden nur sehr wenige Zusammensetzungen gebildet, und es ist nicht klar, ob dabei auch nur in einem vagen Sinne von Bedeutungsverstärkung gesprochen werden kann (*gemeingefährlich*?). Das Wörterverzeichnis führt nur *gemeinsprachlich* an, das natürlich als Ableitung vom Fachausdruck *Gemeinsprache* überhaupt nicht in diese Rubrik fällt.

Fälle wie *reinseiden/rein seiden* werden vom amtlichen Wörterverzeichnis ausdrücklich unter die Beliebigkeitsklausel § 36 E2 gestellt:

„Lässt sich in einzelnen Fällen der Gruppen aus Adjektiv, Adverb oder Pronomen + Adjektiv/Partizip zwischen § 36 und § 36 E1 keine klare Entscheidung für Getrennt- oder Zusammenschreibung treffen, so bleibt es dem Schreibenden überlassen, ob er sie als Wortgruppe oder als Zusammensetzung verstanden wissen will (...)."

Da der Schreibende neben feineren semantischen Unterscheidungen u. a. auch die Betonungsunterschiede heranzuziehen pflegt, verfügt er anders als die Reformer durchaus über Mittel, zwischen *reinseiden* und *rein seiden* klar zu unterscheiden. Im Wörterverzeichnis setzen die Reformer jedoch dogmatisch fest, daß man darüber nichts wissen könne und daher nichts als die reine Beliebigkeit in Betracht komme.

Bei dieser Gelegenheit soll auf ein regeltechnisches Problem hingewiesen werden, das an verschiedenen Stellen virulent wird. § 39 zum Beispiel lautet:

„Mehrteilige Adverbien, Konjunktionen, Präpositionen und Pronomen schreibt man zusammen, wenn die Wortart, die Wortform oder die Bedeutung der einzelnen Bestandteile nicht mehr deutlich erkennbar sind."

Man fragt sich sogleich: Für wen? Ist gemeint, daß die fraglichen Gebilde im sprachwissenschaftlichen Sinn nicht mehr restlos analysierbar bzw. „voll motiviert" sind, oder richtet sich die Aufforderung, den Grad der Durchsichtigkeit festzustellen, an den einzelnen Sprachteilhaber angesichts eines konkreten Zweifelsfalls? Der weitere Zusammenhang macht klar, daß es keineswegs ins Ermessen des Schreibenden gestellt sein soll, ein Gebilde wie *stromabwärts* oder *infolgedessen* getrennt zu schreiben, weil ihm „Wortart, Wortform und Bedeutung der einzelnen Bestandteile" ganz und gar deutlich sind. Vielmehr **muß** hier zusammengeschrieben werden, weil die Experten erkannt haben oder auch einfach festlegen, die Zusammensetzungen seien nicht vollkommen durchsichtig.

Ein ähnliches Problem wird sich später bei der Silbentrennung ergeben: § 112 macht die Trennung verdunkelter und vor allem entlehnter Zusammensetzungen davon abhängig, ob man sie noch als Zusammensetzungen durchschaut oder nicht. Richtiger wäre es, einfach die möglichen Trennstellen anzugeben, ohne jeden Bezug auf das ja stets ungleich verteilte Wissen und Können der Sprachteilhaber. Andernfalls würde man angesichts von Trennungen wie *Pä-da-go-gik* sagen dürfen: „Aha, er weiß es nicht besser!" Gerade dies soll ja in Zukunft nicht mehr der Fall sein.

Ehepaare, frisch gebacken

Mit E1 beginnt dann, genau wie unter § 34, die „Negativform", die sämtliche Fälle von Getrenntschreibung auflistet. Dort finden wir auch, diesmal allerdings mit einer eigenen Nummer versehen, dasselbe systemwidrig eingefügte, folgenreiche Kriterium wie oben, also die *-ig/-isch/-lich*-Regel. Damit werden folgende Getrenntschreibungen begründet: *riesig groß, mikroskopisch klein, schrecklich nervös*. Die Gruppe ist wieder einmal äußerst gemischt, doch soll darauf nun nicht mehr näher eingegangen werden. Viel wichtiger sind die Auswirkungen der so unscheinbar wirkenden Unterregel auf weite Bereiche des Wortschatzes.

Mehrgliedrige Farbbezeichnungen wurden bisher zusammengeschrieben, wenn sie Mischfarben bezeichnen: *rötlichbraun, grünblau* usw. Man spricht auch hier von Determinativkomposita, weil das erste Glied das zweite näher bestimmt. Dagegen schrieb man die „kopulativen" Bezeichnungen von

Farbzusammenstellungen mit Bindestrich: *weiß-blau.* (Dazu gab es Ausnahmen, die hier nicht interessieren.) In Zukunft sollen diese Farbbezeichnungen ohne Rücksicht auf die Bedeutung getrennt geschrieben werden, wenn der erste Bestandteil auf *-ig, -isch* oder *-lich* endet: *rötlich braun,* sonst aber zusammen: *rotbraun, orangerot.* Es ist nicht einzusehen, warum die innere Struktur des ersten Gliedes, hier also der zufällig vorliegende Ausgang *-lich,* die Schreibweise des Ganzen bestimmen sollte.[63] Was sprach eigentlich dagegen, die alte Regelung beizubehalten? Schließlich ist der Leser daran interessiert zu erfahren, ob ein Stoff von rötlichem Braun ist oder ein aus braunen und rötlichen Teilen zusammengesetztes Muster aufweist. Die Bildeweise des ersten Wortteiles mit oder ohne *-ig, -isch* oder *-lich* kann ihm hingegen gleichgültig sein.

Bindestrich-Schreibungen wie *wissenschaftlich-technisch* oder *physikalisch-chemisch* (§ 45 [2]) sind, obwohl der erste Teil auf *-lich/-isch* endet, auf jeden Fall echte Zusammensetzungen, denn der Bindestrich steht nur innerhalb von Wörtern. Das Regelwerk enthält hier einen offenen Widerspruch. Er kann den Reformern unmöglich entgangen sein, denn unter § 36 E1(2) wird ausdrücklich auf § 45 (2) verwiesen. Ob sie gedacht haben, wir würden es nicht bemerken?

Ganz einsam steht *richtiggehend* im amtlichen Wörterverzeichnis – das einzige Kompositum dieser Art mit einem ersten Bestandteil, der auf *–ig* endet. Zur Rechtfertigung wird implizit (und systemfremd) auf die übertragene Bedeutung verwiesen (*eine richtiggehende Verschwörung,* aber *eine richtig gehende Uhr*).

Die nächste Unterregel schließt Partizipien als erste Bestandteile von Zusammensetzungen aus, daher: *abschreckend hässlich, blendend weiß, kochend heiß* usw. Das ist dieselbe Willkür wie bei der *-ig/-isch/-lich*-Regel. Natürlich wird niemand *abschreckend häßlich* zusammenschreiben wollen, aber *kochendheiß* kommt durchaus in Frage: *kochendheißes Wasser* – wie *lauwarmes Wasser*. So war es auch bisher geregelt.

Nummer (4) führt wiederum das Kriterium der Erweiter- und Steigerbarkeit ein. Überflüssigerweise wird noch die alte Dudenklausel der tatsächlichen Erweiterung oder Steigerung hinzugesetzt. Wenn ein Wort aber bereits erweitert oder gesteigert ist, so ist es trivialerweise auch erweiter- oder steigerbar.

Der Paragraph schließt mit der bereits zitierten Beliebigkeitsklausel für angeblich unentscheidbare Fälle, wobei jedoch Konstruktionen mit **substantivischen** ersten Bestandteilen nicht mehr erwähnt werden – eine Einzelheit von großer Bedeutung, wie wir sehen werden.

§ 36, ein Gemisch aus zwar rein formalen, jedoch weitgehend willkürlichen und sprachwidrigen Festsetzungen, hat fatale Auswirkungen auf weite Bereiche des deutschen Wortschatzes:

Viel Kritik hat die Abschaffung ganzer Wortreihen vom Typ *neuvermählt* hevorgerufen. Bis auf *neugeboren* sollen sie jetzt alle getrennt geschrieben werden, als seien es gar keine echten Zusammensetzungen. Für *neu vermählt* werden bei Bertelsmann ausdrücklich zwei Akzente angegeben, während *neuvermählt* nur einen hatte; es war eben ein ganz anderes Wort. Ein *neuvermähltes* Paar hat erst kürzlich geheiratet, ein *neu vermähltes* hat wieder geheiratet. Die ausdrückliche Berufung auf § 36 E1 (1.2) bestätigt diese Interpretation, denn dieser Punkt leitet die Getrenntschreibung des Gefüges von der Getrenntschreibung der zugrunde liegenden Verbkonstruktion ab, hier also zweifellos von *sich neu vermählen*, was eindeutig auf „Wiederverheiratung" hinausläuft. Ein *frisch gebackenes Ehepaar* ist allenfalls als Hauptgericht bei einer Kannibalenmahlzeit denkbar, als Vorspeise empfiehlt sich *ein sehr hart gesottener Geschäftsmann*. Auch *allgemeingültig* wird zugunsten von *allgemein gültig* (nach Bertelsmann mit zwei Akzenten) abgeschafft.

Damit haben die Reformer jedoch die Grenzen ihres Auftrages endgültig überschritten, der ja nicht auf die Abschaffung der Wörter, sondern auf ihre korrekte Schreibung zielte. Bisher gab es neben den getrennt geschriebenen Wortgruppen ohne Zweifel die Wörter *allgemeingültig* und *allgemeinverständlich*, aber nicht z. B. *allgemeinüblich, sondern nur *allgemein üblich*. Diese Asymmetrie, worauf immer sie beruhen mag, ist eine Tatsache, die durch die gewaltsame Neuregelung unzulässigerweise verleugnet wird.

Aus dem Verkehr gezogen werden zahllose Wörter wie *wohlbekannt*, *wohlunterrichtet*, *wohltemperiert* – jedenfalls nach Duden. Bertelsmann läßt alles beim alten, also bei Zusammenschreibung, nimmt jedoch die entsprechende Ersetzung bei *wohl geordnet*, *wohl behütet*, *wohl bedacht* vor und gibt wiederum deutlicher als Duden zwei Akzente an. *Wohltuend* ist bei Duden noch erhalten, wahrscheinlich wegen der ebenfalls angegebenen Steigerung *wohltuender*, während Bertelsmann nur noch *wohl tuend* kennt. Allerdings wird die Zusammenschreibung von *wohlhabend* damit begründet, daß „der zweite Bestandteil in dieser Form nicht selbstständig vorkommt". Warum sollte sich *habend* in dieser Hinsicht von *tuend* unterscheiden? Die krassen Unterschiede zwischen den Wörterbüchern gerade in diesem Bereich haben mit Recht das Entsetzen der Lehrer hervorgerufen.

Übel beraten und viele ähnliche Fügungen sollen getrennt geschrieben werden, weil das Adjektiv erweiter- bzw. steigerbar sei. Ein *übel beratener Kultusminister* ist einer, der zum Beispiel von seinen Fachbeamten schlecht über die Rechtschreibreform informiert wird, und das ist nicht unbedingt das, was man bisher mit *übelberaten* meinte. Noch unplausibler ist wohl die Getrenntschreibung *übel wollend*. Wahrscheinlich kommt hier nur die Erweiterung mit *sehr* in Betracht, die aber eher dem gesamten Gefüge gilt als dem Adjektiv allein. Erfragbar ist dieses überhaupt nicht („*Wie will er dir?*" „*Übel!*"), und die Steigerung des gesamten Gefüges (*übelwollender*, nicht *übler wollend*) weist ebenfalls auf ein echtes Kompositum. *Wohlwollend* bleibt übrigens ohnehin erhalten, obwohl es zumindest nach Duden als Verbgefüge nur noch die Neuschreibung *wohl wollen* gibt. (Bertelsmann schweigt sich darüber aus, ebenso wie das Wörterverzeichnis.)

Zahllose Zusammensetzungen aus *viel* und einem Partizip sollen nun aufgelöst werden: *viel befahren, viel beschäftigt* usw. Das Wörterverzeichnis verweist auf § 34 und § 36 E1, leitet die fraglichen Verbindungen also unmittelbar von verbalen Konstruktionen ab. Das ist aber nicht immer plausibel, vgl. etwa *viel umworben, viel beschäftigt, viel geliebt:* Von welchen verbalen Ausdrücken sollte man dergleichen ohne Gewaltsamkeit ableiten? (*Man umwirbt ihn viel?*) Abgesehen davon ist zumindest bei Bertelsmann stets ein zweiter Betonungsgipfel auf dem Partizip vorgesehen, was bereits einen Bedeutungsunterschied gegenüber dem eingipfligen zusammengeschriebenen Wort signalisiert. All dies deutet auf Unzulässigkeit der Auflösung hin. *Er trauerte um seine viel geliebte Gattin* – das klingt ungewollt anzüglich, weil eben die Getrenntschreibung den verbalen Charakter des Partizips hervorkehrt.

Bei *zartbesaitet, zartfühlend* usw. herrscht einige Verwirrung. Bertelsmann löst rigoros auf, mit der Begründung, das Adjektiv sei steigerbar bzw. erweiterbar: *sehr zart besaitet.* Allerdings kann die Steigerungspartikel auch auf das gesamte Kompositum bezogen werden, so daß dieses Argument nicht überzeugt. Außerdem sieht das amtliche Wörterverzeichnis (wie auch der Duden) sowohl Getrennt- als auch Zusammenschreibung vor. Die Zusammenschreibung wird wie bei *zartblau* mit § 36 (5) gerechtfertigt, also der „Bedeutungsminderung". *Zartfühlend* wäre demnach als „wenig fühlend" o. ä. zu deuten. Das wird man nicht so leicht glauben. *Zart fühlend* hingegen ist aus der unproblematischen verbalen Konstruktion abzuleiten: *Er fühlte zart nach ihrer Narbe.* Nur für diesen Fall sieht das Wörterverzeichnis offenbar auch die Steigerbarkeit vor, also: *Sie fühlte noch zarter nach seiner Brieftasche.* Duden interpretiert diese unklaren Verhältnisse so, daß bei *zartfühlend* die Schreibweise beliebig sei, während sie bei *zartbesaitet* mit einer unterschiedlichen Steigerung einhergehe: *zarter besaitet* und *zartbesaiteter.* Das letztere kann es nach Bertelsmann gar nicht mehr geben, und dem amtlichen Wörterverzeichnis ist in diesem Punkt keine klare Auskunft zu entnehmen.

Ein besonderer Mißgriff ist die Auflösung, d. h. Beseitigung echter Zusammensetzungen wie *selbstgebacken.* Die Reformer glauben tatsächlich, daß die Fügung *selbst gebacken* dasselbe bedeute wie die Zusammensetzung *selbstgebacken.* Das ist aus grammatischen Gründen zweifelhaft. *Dieser Kuchen ist selbst gebacken* bedeutet, daß just dieser Kuchen, dessen eigene Identität dadurch hervorgehoben wird, gebacken ist. *Dieser Kuchen ist selbstgebacken* hingegen heißt, daß jemand diesen Kuchen für den eigenen Bedarf gebacken hat. Der Satz *Die Mutter hat ihr Kind selbst gestillt* hat zwei Bedeutungen, je nach dem Bezug der Identitätspartikel *selbst* auf das Kind oder auf die Mutter. Aus der ersten Deutung ergibt sich ein *selbst* (in eigener Person oder: auch seinerseits) *gestilltes* Kind, aus der zweiten ein *selbstgestilltes.* Ein *selbst geschädigter Unfallzeuge* hat selbst einen Schaden erlitten, ein *selbstgeschädigter* dagegen hat sich den Schaden selbst zugefügt. Die zweite Bedeutung kann jeweils nur durch das echte Kompositum ausgedrückt werden. Alle Zusammensetzungen mit *selbst-* sind daher unverzüglich wiederherzustellen.

Nach der Reform soll man schreiben *schwer behindert,* aber *schwerstbehindert,* weil man *schwer* steigern kann und *schwerst* nicht allein vorkommt. Nun ist aber *schwerbehindert* ein juristischer Fachausdruck, der im Schwerbehindertengesetz genau definiert ist. Die Wortgruppe *schwer behindert* dagegen drückt nur die subjektive Einschätzung durch den Sprecher aus. Was werden die Juristen dazu sagen, daß ihnen durch die Reform ein wohldefinierter Terminus genommen wird? Die übel beratenen Kultusminister haben ferner zugestimmt, daß aus den *allgemeinbildenden* Schulen *allgemein bildende* werden. *Hochbegabte* Menschen gibt es nur noch nach Bertelsmann, Duden kennt nur *hoch begabte*. Man muß wohl annehmen, daß sie auch bei Substantivierung *hoch Begabte* bleiben. Für ihre spezielle Förderung gibt es dann zwangsläufig den Durchkopplungsbindestrich: *Hoch-Begabten-Förderung*. Zweifelhaft ist, wie die *Höchstbegabten* geschrieben würden, wenn sie in eines der Wörterbücher Eingang gefunden hätten. *Höchst* kommt ja anders als *schwerst* auch als selbständiges Steigerungsadverb vor: *höchst überrascht sein, höchst unwahrscheinlich* usw. Der Eintrag *höchstwahrscheinlich* (mit ausdrücklichem Verweis auf § 36 (2)) im Wörterverzeichnis leugnet dies zwar, aber der unmittelbar vorhergehende Eintrag *höchst* desavouiert diese Leugnung gleich wieder. Die Wörterbücher behalten alle herkömmlichen Komposita mit *höchst-* einfach bei: *höchstpersönlich* usw. Vielleicht sollten sie sich auf den höchst dehnbaren § 36 (5) beziehen, um diese Praxis zu rechtfertigen.

Auch Fachausdrücke wie *fleischfressend* (= karnivor), *eisenverarbeitend* usw. wurden bisher aus gutem Grund anders geschrieben als die Wortgruppen, mit denen man aktuelle Zustände oder Vorgänge beschreibt. Man vergleiche: *Fleischfressende Pflanzen gibt es auch bei uns*, aber: *Der Hund saß Fleisch fressend vor seiner Hütte*. Die *reisessenden* Völker sind oft auf Importe angewiesen, während Familie Bao *Reis essend* vor dem Fernseher sitzt. In der bisher gültigen Rechtschreibung waren solche Unterschiede durch den Hinweis berücksichtigt, daß Klassenbildung Zusammenschreibung bewirkt – eine etwas unscharfe, aber durchaus nicht falsche Bestimmung.

Erweiterte Partizipien als Attribute sind der gesprochenen deutschen Sprache weitgehend fremd, sie riechen nach Papierdeutsch, sind schwer zu verarbeiten und führen beim ersten Lesen oft zu Mißverständnissen. Durch die vermehrte Getrenntschreibung erhöht sich der Anteil dieser beschwerlichen Konstruktionen: *ein Händchen haltendes Paar, ein Blut saugendes Insekt, Not leidende Kredite* usw. Man kann auch sagen, daß sie durch die Getrenntschreibung in ein ganz anderes sprachliches „Register" verschoben werden. Das scheinen die Reformer zu keinem Zeitpunkt bedacht zu haben.

Aber nicht nur stilistische Gründe sprechen gegen die forcierte Getrenntschreibung, sondern auch handfeste grammatische. So soll künftig geschrieben werden *ein Aufsehen erregendes Fest, eine Furcht einflößende Gestalt* usw. Die Steigerungsformen *aufsehenerregender, furchteinflößender* und die Intensivierung *eine äußerst furchteinflößende Gestalt* beweisen jedoch, daß es sich hier um echte Zusammensetzungen handelt, die keineswegs aufgelöst werden dürfen. Eine Gestalt, die *noch Furcht einflößender* ist, gibt es ja im Deutschen ebensowenig wie eine Geldanlage, die *Gewinn bringender* ist als eine andere. Inkonsequenterweise läßt die Neuregelung bei *Gewinn bringend* auch die Schreibweise *gewinnbringend* zu, und zwar mit dem Hinweis auf *sehr gewinnbringend* (im Gegensatz zu *großen Gewinn bringend*; an *sehr Leid tun* hingegen scheinen die Reformer nicht denselben Anstoß genommen zu haben, s. unten).

Entsprechende Bedenken erheben sich gegen die Neuschreibung *Vertrauen erweckend*:

> *Wuchtig ist besser als mickrig, und ernsthaft ist vertrauenerweckender denn fröhlich-frech* (F.A.Z. 30. 8. 1994)
> *Wie vertrauenerweckend ist diese handfeste Technik?* (F.A.Z. 23. 8. 1994)

Die vorgesehenen Neuschreibungen *Vertrauen erweckender*
und *wie Vertrauen erweckend* sind ungrammatisch. Vgl. ferner:

> *Wer sich etwas profunder an der Diskussion über Samuel
> Huntingtons Szenario eines „Zusammenstoßes der Kultu-
> ren" beteiligen möchte, sollte unbedingt den zweiten Teil des
> Buches lesen, der die Dialektik zwischen Herrschaft und
> Widerstand weit tiefschürfender entfaltet als Huntington.*
> (F.A.Z. 27. 6. 1995)

Auch hier ist die Ersetzung durch eine Wortgruppe offenbar grammatisch unmöglich: *weit tief schürfender.*

Aufsehenerregend muß – gegen das amtliche Wörterverzeichnis – ebenfalls erhalten bleiben, vgl.:

> *Weitaus aufsehenerregender war jedoch das Phänomen ...*
> (F.A.Z. 22. 4. 1993)
>
> *das aufsehenerregendste Gerichtsverfahren* (F.A.Z. 5. 1. 1994)
>
> *(...) wobei die aufsehenerregendsten Funde in den letzten
> drei Jahren gemacht wurden* (F.A.Z. 29. 9. 94)

Es gibt auch keine Möglichkeit, Zusammensetzungen wie
aufsehenerregend etwa aus der Toleranzregel § 36 E2 abzuleiten, denn dort ist ja, wie wir gesehen haben, ausdrücklich nicht
von Substantiven als Vorderglied die Rede, sondern nur von
Adjektiv, Adverb und Pronomen. Gallmann und Sitta[64] nehmen
sich die Freiheit, in kritischer Abwendung von dieser Regel
auch die Substantive einzubeziehen und damit die Option *aufsehenerregend, furchteinflößend* nicht zuletzt wegen der Steigerbarkeit des Ganzen offenzuhalten – eine Option, die natürlich
eine ungeheure Menge von Zusammensetzungen wieder ermöglicht, denen die Reform die Existenzberechtigung absprechen
will. Zweifellos wird das Regelwerk bei nächster Gelegenheit in
dieser Richtung korrigiert werden, aber es ist doch sehr bedenk-
lich, daß sich schon jetzt neben der amtlichen Rechtschreibung
an so prominenter Stelle – nämlich mitten unter den verant-

wortlichen Reformern selbst – private Regelungen zu etablieren beginnen, um dem offenkundigsten Unsinn Einhalt zu gebieten.

Die Folgen der neuen Getrenntschreibung sind noch nicht ganz abzusehen, weil die Wörterbücher sie in unterschiedlichem Maße umsetzen. Während der Duden bei *weitverbreitet, weitblickend, schwerwiegend* und anderen Komposita auch die Getrenntschreibung mindestens durch einen Verweis zusätzlich angibt – offenbar im Hinblick auf die unterschiedlichen Steigerungsmöglichkeiten (*schwerwiegender* und *schwerer wiegend*) –, verzeichnet Bertelsmann meist nur die getrennt geschriebenen Formen, gerade bei *schwerwiegend* aber nur die zusammengeschriebene, allerdings mit dem Komparativ *schwerer wiegend* – sicherlich ein Versehen. Die Aussage der Texte ist jedenfalls eindeutig:

> *zur Entwicklung immer weitreichenderer Enteignungspraktiken* (F.A.Z. 4. 11. 1994)
> *die immer noch weitreichendste ästhetische Theorie des Jahrhunderts* (F.A.Z. 8. 8. 1995)
> *Noch schwerwiegender ist das Fehlen von Trinkwasserversorgung und Kanalisation.* (F.A.Z. 24.1.1994)
> *der angeblich schwerwiegendste Spionagefall* (F.A.Z. 26. 2. 1994)

In keinem dieser Fälle – die sich leicht vervielfachen ließen – ist Getrenntschreibung möglich.

Duden wirbt schon auf der Rückseite des Einbanddeckels mit der Neuschreibung *Dienst habend*, während Bertelsmann *diensthabend* und nur dies verzeichnet. Duden führt weiterhin die Substantivierung *der Diensthabende* an und verweist auf die Regel, nach der man auch *der Dienst Habende* schreiben darf. Allerdings ist nicht zu erkennen, wie man überhaupt zu der Substantivierung *Diensthabender* gelangt, nachdem das Adjektivkompositum *diensthabend* aus dem Verkehr gezogen ist.

Man müßte wohl zuerst die *Habenden* bilden und dann daraus die *Diensthabenden* aussondern. Dabei wären die *Habenden* wie normale Substantive zu behandeln, die man ja mit beliebigen Wortstämmen zu frei interpretierbaren Komposita zusammenfügen kann. Ähnlich steht es mit den *Gebrannten* und *Gedrehten*, die regulär, aber semantisch natürlich vollkommen unsinnig, den *Braungebrannten* und *Selbstgedrehten* zugrunde zu legen sind. Allerdings spekulieren wir hier nur, denn das Regelwerk bietet keine Handhabe für solche Operationen. Duden kennt neben den *Erholung Suchenden* auch die *Erholungsuchenden*, die offenbar nur als Untergruppe der *Suchenden* konstruierbar sind. Bertelsmann führt nur die *Erholungsuchenden* an. Das amtliche Wörterverzeichnis gibt überraschenderweise auch die *Ratsuchenden*, die *Alleinstehenden* und das *Obenstehende* als erlaubte Varianten an, wozu es durch das Regelwerk nicht ermächtigt ist. Die Einträge bleiben denn auch völlig isoliert und ohne jeden Hinweis auf entsprechende Paragraphen.

Gallmann und Sitta, von denen man annehmen darf, daß sie aufgrund langjähriger Mitarbeit im Internationalen Arbeitskreis die Absichten der Neuregelung kennen, interpretieren die Regeln so:

„Bei **Adjektiv- und Partizipgruppen** wird nur das Adjektiv selbst substantiviert, die Getrennt- und Zusammenschreibung entspricht also derjenigen beim attributiven Gebrauch (Stellung vor einem Substantiv). Es entsteht also **keine** substantivische Zusammensetzung."[65]

Es folgen Beispiele: *schwer Verdauliches*, *das abhanden Gekommene* usw., aber *Gewinnbringendes*, weil *gewinnbringend* als Ausnahme eigens vorgesehen ist. § 37 (2) des Regelwerks spricht in vager Weise von „Zusammensetzungen, bei denen der letzte Bestandteil kein Substantiv ist", führt jedoch außer sub-

stantivierten Infinitiven (*Autofahren, Aufrechtgehen* u. ä.) nur
noch *Suppengrün, Stelldichein* und *Vergissmeinnicht* an, bei denen sich die Frage der Getrenntschreibung ja gar nicht stellt.
Die Interpretation durch Gallmann und Sitta leuchtet auch deshalb ein, weil sonst der Sinn der einschränkenden Regeln nicht
mehr einsehbar wäre; denn warum sollte es zwar die *Selbstgedrehten* geben können, nicht aber die *selbstgedrehten Zigaret-
ten*? Dieselbe Frage kann man übrigens in bezug auf die Zusammensetzungen mit Adjektiven auf *-ig*, *-lich* und *-isch* stellen:
Die substantivierten Adjektive *Ewiggestrig* und das *Ewigweib-
liche* (teils auch mit Bindestrich) soll es den Wörterbüchern
zufolge weiterhin geben, die nichtsubstantivierten (*ewiggestrige
Reformkritiker*) aber nicht – ein grammatisches Mysterium, das
noch der Deutung harrt.

Höchst tief schürfend

Einem ähnlichen Problem werden wir sogleich noch einmal
begegnen. Natürlich ist die ganze Konstruktion mit dem erwei-
terten Adjektiv- oder Partizipialattribut greuliches Papierdeutsch, das sonst möglichst vermieden oder nur scherzhaft
gebraucht wird: *Der seinen Knochen gefressen habende Hund
lief ins Haus*. Das echte Kompositum (*diensthabend* usw.)
wirkt bei weitem nicht so sperrig. Es kommt aber noch schlim-
mer. Das Wörterverzeichnis schreibt vor: *nichts sagend*. Abgesehen von der unangemessenen Vereigentlichung der redensart-
lichen Bedeutung ist es geradezu sprachwidrig, wenn man sagen
wollte: *Sein Gesicht sah nichts sagend aus; mir fiel das nichts
Sagende an der Zeugenaussage auf; noch nichts sagender war
das Schlußwort*. Während aber die beiden Wörterbücher hierin
einig sind, vermeidet es Bertelsmann, auch bei *vielsagend* die
Konsequenz zu ziehen. Duden hingegen hat nur noch *viel*

sagend: ein viel sagender Blick. Mit solchem Material können wir aber keine grammatisch einwandfreien deutschen Sätze mehr bauen. Man versuche die Neuschreibung an folgenden Beispielen:

> *Die Äußerung von K.-H. Helbing war vielsagend.* (F.A.Z. 31. 1. 1994)
>
> *Grenzen, die dem psychologisch höchst vielsagenden „Aufbau" der Führerpersönlichkeit gesetzt waren* (F.A.Z. 8. 2. 1994)
>
> *von mehr oder minder vielsagenden Hinweisen begleitet* (F.A.Z. 5. 3. 1994)

Und wie sollen eigentlich die Steigerungsformen in Zukunft aussehen? Vgl.

> *eine Dokumentation, die vielsagender als umfangreiche Abhandlungen Einblick gibt* (...) (F.A.Z. 20. 10. 1994)

Die Auflösung von *vielversprechend* (nur Duden, trotz angeführtem Komparativ *vielversprechender*) ist noch unplausibler. Vgl.

> *eine äußerst viel versprechende Zahl* (F.A.Z. 5. 1. 1994)
>
> *Wäre es hier nicht viel versprechender gewesen ...* (F.A.Z. 7. 1. 1994)
>
> *eine der viel versprechendsten Änderungen* (F.A.Z. 13. 1. 1994)

Natürlich schreibt die F.A.Z. nicht solchen Unsinn. Die von mir vorgenommene Getrenntschreibung zeigt, daß es nicht funktioniert.

Bemerkenswerterweise hat das Duden-Universalwörterbuch in seiner neuesten Auflage einige dieser Fehler schon wieder rückgängig gemacht: *vertrauenerweckend* und *aufsehenerregend* sind wiederhergestellt. Damit verstößt dieses Werk zwar gegen die amtliche Regelung von heute, stimmt aber zweifellos bereits mit der revidierten amtlichen Regelung von morgen überein. Ebenso verfahren Gallmann und Sitta. Sie führen andererseits ganz im Sinne des Regelwerks solche Beispiele an: *Dieser Stoff ist Wasser abweisend.*[66] Ein derartiger Satz ist denn doch ein wenig unser Sprachgefühl verletzend, und auch Gallmann und Sitta verwerfen in ihren Erläuterungen dieselbe Konstruktion, die sie im anschließenden Wörterverzeichnis anstandslos präsentieren.

Worum es hier geht, läßt sich einfach erklären.[67] Im allgemeinen wird das Partizip des Präsens nur dann prädikativ gebraucht, wenn es als Adjektiv verstanden werden kann:

Sie ist entzückend. Das ist aber aufregend!

Wenn es aber eine Ergänzung regiert, ist es verbal zu verstehen und kann nicht als Prädikatsnomen stehen, daher sind folgende Sätze falsch gebaut:

Sie ist uns alle entzückend. Das ist aber mich aufregend!

Gerade höre ich im Radio: *daß dieser Gesichtspunkt nicht allesentscheidend war.* Wie man das wohl schreibt? Im Wörterbuch werde ich zwar nicht fündig. Das Regelwerk läßt aber keine andere Möglichkeit als die Getrenntschreibung zu, denn es liegt – jedenfalls nach der Logik der Reform – das verbale Gefüge *alles entscheiden* zugrunde, also: *daß dieser Gesichtspunkt nicht alles entscheidend war.* Aus den genannten grammatischen Gründen wäre dies aber nicht akzeptabel. *Allesentscheidend* **muß** zusammengeschrieben werden, und alle Regeln, die etwas anderes ergeben, sind falsch.

Daß der *Hohepriester* und das *Hohelied* „eigentlich" getrennt geschrieben werden müßten, zumal wenn sie auch noch in der Mitte gebeugt werden (des *Hohenpriesters* usw.), war den Gläubigen, die beide Wörter aus ihren frommen Schriften kannten, natürlich jederzeit klar. Die Neuregelung macht Ernst damit: *der Hohe Priester, das Hohe Lied.* Das Duden-Taschenbuch von Gallmann und Sitta will daneben noch den

Hohepriester (*des Liberalismus*) gelten lassen, wozu sich allerdings im amtlichen Wörterverzeichnis keine Grundlage findet. Bertelsmann bringt wieder einmal das Kunststück fertig, den *Hohenpriester* mit allen seinen Formen im laufenden Text stehen zu lassen, in einem eigenen Kasten (unter dem Stichwort *hoch*) jedoch durch den *Hohen Priester* zu ersetzen.

Eine Hand voll Häuser

Zu den größten Torheiten der Neuregelung gehört die Beseitigung von Substantiven wie *Zeitlang* zugunsten der natürlich seit je und auch weiterhin möglichen Konstruktion *eine Zeit lang* usw. Wie schon im Grimmschen Wörterbuch nachzulesen ist, handelt es sich bei *Zeitlang* um ein echtes Substantiv; das beweisen Fügungen wie *auf eine Zeitlang*. Ebenso verhält es sich mit *Handvoll, Mundvoll*. Natürlich kann man sagen *eine Hand voll* oder *zwei Hände voll Kirschen essen*; man kann aber auch sagen *eine Handvoll, zwei Handvoll Kirschen essen; das Pferd fraß noch zwei Handvoll Heu, ein paar Handvoll Erbsen, mit einigen Handvoll schönen Grases*. So steht es im Grimmschen Wörterbuch, nebst weiteren lehrreichen Bemerkungen, auch zum Englischen: *two hands full* und *two handfuls*. Dabei ist von stilistischen Problemen noch ganz abgesehen, man vergleiche aber: *eine Hand voll Demonstranten* (?), *eine Hand voll Häuser auf einem Wiesenteller* (?). (Diese Beispiele sind echte literarische Belege nach Dudens achtbändigem Wörterbuch, die Neuschreibung habe ich natürlich hinzugefügt.) Bei Grimm findet man auch die mundartlichen Varianten *hapfel, haffel, hämpfeli*, die ebenfalls den Übergang zum Kompositum beweisen.

Auch die Neuregelung der Zusammenschreibung bei anderen Wortarten wirft eine Reihe von Problemen auf. Wir haben zum Beispiel gesehen, daß die Zusammenschreibung von *infol-*

gedessen nicht mit der Undurchsichtigkeit dieser Bildung begründet werden kann. *Infolgedessen* ist (anders als *indessen* oder
unterdessen, vgl. § 39 [1]) ebenso deutlich gebaut wie das neu
eingeführte *stattdessen*, das vom amtlichen Wörterverzeichnis in
einen funktionalen Gegensatz zum bisher allein normgerechten
statt dessen gebracht wird. Aber worin besteht der Gegensatz,
und warum wird er nicht auch bei *infolgedessen* eingeführt, dem
folglich eine getrennt geschriebene Variante zur Seite zu stellen
wäre?

Die „mehrteiligen Konjunktionen" *ohne dass, statt dass*
usw. bleiben getrennt, aber zum bisher allein gültigen *so daß*
gibt es nun eine bedeutungsgleiche Variante *sodass*. Warum?
Vielleicht weil Anfänger es manchmal so schreiben?

Dem Hang zu forcierter Getrenntschreibung deutscher
Wörter steht eine ebenso ausgeprägte Neigung der Reformer
zur Zusammenschreibung englischer Fremdwörter gegenüber:
*Newage, Suddendeath, Desktoppublishing, Aftershavelotion,
Standingovations*. Das zeigt immerhin, daß Länge und Unüber-
sichtlichkeit kein entscheidendes Motiv der Getrenntschreibung
gewesen sein können.

Auf das Kapitel Getrennt- und Zusammenschreibung folgt
in der Neuregelung ein erstaunlich umfangreiches über den Bindestrich. Ich gehe nicht näher darauf ein, da es wenig Neues
bringt.

Damit beschließen wir unsere Untersuchung des Kapitels
„Getrennt- und Zusammenschreibung", selbstverständlich ohne
den Anspruch, alle Probleme erfaßt zu haben. Von einer Reform, die ein so zentrales Gebiet so unzulänglich bearbeitet,
erwarten wir in anderen Bereichen auch keine Glanzleistungen.

Groß- und Kleinschreibung

Die Ziehung des Kürzeren

Die Substantivgroßschreibung ist ein ungeliebtes Kind der Rechtschreibreformer, die bis zuletzt kein Hehl daraus gemacht haben, daß ihr Herz immer noch an der „gemäßigten Kleinschreibung" hängt. Da sie diese nicht durchsetzen konnten, haben sie den ebenfalls schon älteren Vorschlag aufgegriffen, „Unsicherheiten" durch vermehrte Großschreibung zu beheben. Wie es im Deutschen eine Tendenz gibt, Nichtsubstantive groß zu schreiben, wenn sie eigennamenähnlich oder als Bezeichnungen neuer Kategorien verwendet werden (*Heiliger Vater, Erste Hilfe, Roter Milan*), so gibt es auch die umgekehrte Neigung, Substantive klein und unter Umständen dann auch mit anderen Wörtern zu „orthographischen Komposita" zusammenzuschreiben. Auf beiden Wegen entstehen breite Zonen des Übergangs und damit auch der „Unsicherheit" für den Schreibenden. Die Reform geht den Weg, möglichst alle Wörter, die sozusagen substantivverdächtig sind, groß zu schreiben.[68] Bekanntlich fallen darunter Wendungen wie *im Allgemeinen, im Großen und Ganzen, im Geringsten* und *aufs Schönste*. Das sieht zwar gewöhnungsbedürftig aus, wirkt aber auch einleuchtend, weil ja durch die Präposition und dazu noch durch den (oft verschmolzenen) Artikel der Substantivcharakter der fraglichen Wörter recht sicher zu sein scheint. Auf der anderen Seite übergeht man damit natürlich ganz und gar die Frage, **warum** die Menschen überhaupt darauf verfallen sind, solche Wörter klein zu schreiben. Das ist nicht schwer zu erkennen. Die „wirklichen" Substantive bezeichnen das, wovon in einem Text tatsächlich die Rede ist. Man kann dies den jeweiligen „Gegenstand" der Rede nennen. Die konkreten Dinge, auf die man zeigen kann, sind dies auch in einem ontologischen Sinne: Stets wird von ihnen etwas ausgesagt, während sie selbst niemals von etwas anderem ausgesagt werden. Das wußte schon Aristoteles. Anderes wird erst durch sprachliche Operationen zum „Gegenstand" der Rede gemacht, zum Beispiel durch Substantivierung. Die orthographischen Schriften erwecken hier oft einen falschen Eindruck. Der Schreibende hat nicht die Absicht, Substantive groß zu schreiben und steht folglich auch nicht vor der Frage, ob ein bestimmtes Wort ein Substantiv ist oder nicht. Vielmehr will er durch die großen Anfangsbuchstaben fürs Auge hervorheben, worüber er gerade spricht. Das muß nicht das Subjekt des Satzes betreffen, sondern kann sich auf alle möglichen Satzglieder beziehen. Gerade deshalb hat hier das Substantiv seinen großen Auftritt, denn es kann ohne Umstände in allen Satzgliedpositionen vorkommen.

Wenn es zum Beispiel heißt: *Man soll auch im Geringsten seinen Nächsten sehen* – so ist tatsächlich von einem sehr Geringen die Rede, einem Armseligen, und es ist weiterhin gesagt, daß wir ihn wie unseren Nächsten, also unseren Mitmenschen behandeln sollen. Dieser unausgesprochene Grundsatz führt dazu, daß die groß geschriebenen Wörter eines Textes oft schon ausreichen, um den Sinn des Ganzen ziemlich klar erkennbar zu machen. Das Großschreiben rein formaler Substantive („Scheinsubstantive", wie man auch sagt) zerstört diese Hilfe bei der Texterfassung. *Nicht im Geringsten* **scheint** bloß von einem „Geringsten" zu handeln, in Wirklichkeit bedeutet es einfach *gar nicht*. Texte in neuer Schreibung erwecken einen falschen Eindruck, weil sie von Gegenständen zu reden scheinen, die es eigentlich gar nicht gibt. Was wäre denn das „*Entfernteste*" und das „*Öftere*", das die Wendungen *nicht im Entferntesten* und *des Öfteren* zu erwähnen scheinen, oder auch der „*Kürzere*", den jemand zu ziehen scheint? Großschreibungen wie *im Stande sein* (in welchem „*Stande*"?), *auf Seiten der*

Regierung (welchen „*Seiten*" denn?) haben die Wirkung, ganz abgeblaßte Redensarten in unangemessener, weil sinnwidriger Weise wieder zu „vereigentlichen". Bei *Recht haben, Recht geben, zu Schulden kommen lassen* usw. (in neuer Schreibung) ist in Wirklichkeit weder vom Recht noch von Schulden die Rede. Wenn wir lesen, daß *Hüte, Mützen und ähnliches* (bzw. *u. ä.;* Beispiel nach Duden) in der Garderobe gelassen werden sollen, so überlegen wir nicht lange, ob eine Tasche hinreichende Ähnlichkeit mit einer Mütze aufweist, sondern verstehen die Floskel als *usw.* und lassen die Tasche zurück. Künftig heißt es *und Ähnliches* (*u. Ä.*) – ein weiterer Fall von unangemessener Reaktivierung des buchstäblichen Sinnes. *Zu Schanden machen* ist auch darum sonderbar, weil es ja im heutigen Deutschen überhaupt keine „*Schanden*" gibt. Wohlgemerkt: Alle hier bekrittelten Schreibungen sind nicht **falsch**, wie jene Auflösungen echter Komposita nach § 36 falsch waren – sie sind bloß unzweckmäßig und rückschrittlich.

Es ist übrigens bemerkenswert, daß nach Dieter Nerius noch im Jahre 1989 „Pseudosubstantivierungen" wie *im allgemeinen* „aus linguistischer Sicht eindeutig in den nichtsubstantivischen Bereich einzuordnen" waren.[69] Damals favorisierte dieser maßgebliche Rechtschreibforscher und -reformer noch die Substantivkleinschreibung; wenige Jahre später ließ er sich gegen seine wissenschaftliche Einsicht sogar zur Großschreibung der Pseudosubstantivierungen überreden.

Wolfgang Kopke wundert sich mit Recht darüber, daß die neuen Großschreibungen von Pseudosubstantiven nicht lediglich als zulässige Varianten zur Wahl gestellt werden (1996:1086). Wahrscheinlich fürchten die Reformer, daß die Mehrheit der Sprachteilhaber auch in Zukunft an der wesentlich sinnvolleren Kleinschreibung festhalten oder schleunigst zu ihr zurückkehren werde. Die vielgerühmte Liberalität der Reformer hat, wie man nicht nur hier sieht, ihre Grenzen.

Nicht der „übertragene Gebrauch" sollte das Kriterium der Kleinschreibung ursprünglicher Substantive sein, sondern erst die Entstehung eines „neuen Begriffs" (was sicherlich noch der Präzisierung bedarf). Denn solange die Metapher noch als solche wirksam ist, müssen die Wörter gerade ihre eigentliche Bedeutung behalten. Wenn man schreibt *im dunkeln tappen*, gibt man damit zu erkennen, daß man die übertragene Bedeutung nicht mehr als lebendig empfindet, die Redensart ist also semantisch verblaßt und das „*Dunkle*" als solches nicht mehr gemeint. Insofern war es tatsächlich problematisch, die Redensart *sein Schäfchen ins trockene bringen* (nebst Variationen) so zu schreiben, daß nur das *Trockene*, nicht aber das *Schäfchen* durch Kleinschreibung in den unmetaphorischen Hintergrund gedrängt wird. Man bringt ja nicht beliebige Gegenstände „*ins trockene*". Um nicht auch das *Schäfchen*[70] klein schreiben zu müssen, sollte man konsequenterweise auch das *Trockene* groß schreiben. In anderen Fällen wird jedoch das Verblassen der Metapher und damit der Hang zur Kleinschreibung nicht dauerhaft zu verhindern sein.

Wenig überzeugend sind die neu gezogenen Grenzen bei eigennamenhaften Bezeichnungen. Die *Große Strafkammer* wird groß geschrieben, das *hohe Haus* (= Parlament) hingegen klein, gegen den allgemeinen Sprachgebrauch. Paragraph 63 lautet:

> „In substantivischen Wortgruppen, die zu festen Verbindungen geworden, aber keine Eigennamen sind, schreibt man Adjektive klein."

Es folgen Beispiele wie *das schwarze Brett, der schnelle Brüter* usw., und Bertelsmann kommentiert: „Die Unsicherheit, ob man feste Verbindungen (lexikalisierte Formen) mit großem oder kleinem Anfangsbuchstaben schreibt, ist beseitigt."– Davon kann keine Rede sein, denn schon der nächste Paragraph („In bestimmten substantivischen Wortgruppen werden Adjektive großgeschrieben, obwohl keine Eigennamen vorliegen.") öffnet die vorige Regel in so unabsehbarer Weise, daß man geradezu von einem Widerruf sprechen kann. Man soll schreiben: *der Technische Direktor, der Heilige Vater, die Gemeine Stubenfliege, der Erste Mai* (als Feiertag), *die Olympischen Spiele* (aber *das olympische Feuer*) usw. – Dazu Bertelsmann: „Hier bleibt die Unsicherheit bestehen." Es ist aber dieselbe Unsicherheit, die der vorige Paragraph angeblich beseitigt hat, denn unsicher ist ja gerade, unter welchen der beiden Paragraphen eine bestimmte Wortgruppe fällt! Was ist denn der Unterschied zwischen der *Gemeinen Stubenfliege* und dem *schnellen Brüter*, und wie schreibt man denn nun das *schwarze* oder *Schwarze Loch* der Astronomie, das in keinem der beiden Wörterbücher enthalten ist? Bisher war klar, daß die erste Hilfe, die jemandem nach einem Unfall zuteil wird, rein beschreibend als *erste Hilfe* bezeichnet werden kann, hingegen als *Erste Hilfe*, wenn sie in der Ausübung einer bestimmten Technik durch den medizinischen Laien besteht, die man in Kursen lernen muß. Künftig soll immer klein geschrieben werden. Der Verzicht auf diese Unterscheidungsmöglichkeit ist ein Verlust für den Leser.

Manche Autoren von Wörterbüchern und rechtschreibdidaktischen Schriften interpretieren § 64 (2) so, als kämen nur botanische und zoologische Klassenbezeichnungen für die Großschreibung in Betracht (*das Fleißige Lieschen, der Rote Milan*). Nach Gallmann und Sitta gehören biologische Artbezeichnungen zu den „vier genau abgrenzbaren Bereichen", in denen solche Kombinationen groß geschrieben werden.[71] Damit wird man aber dem Wortlaut der Regel nicht gerecht, dessen Unbestimmtheit („**so** von Unterarten oder Rassen in der Botanik und Zoologie") allerdings zu beanstanden ist.

Der *blaue Planet* soll künftig groß geschrieben werden, weil es sich um einen – wenn auch inoffiziellen – Eigennamen handele. Wenn man das amtliche Wörterverzeichnis aufschlägt, findet man die Großschreibung auch beim „*Roten Planeten*", und zwar als vermeintlich schon bestehende Regelung, so daß man beim *Blauen Planeten* an eine Analogie denken könnte. In Wirklichkeit wurde aber bisher in beiden Fällen klein geschrieben. Die Sprachwissenschaft nennt solche Fügungen, die anstelle eines Eigennamens stehen und sich manchmal wirklich zu echten Eigennamen entwickeln, „Antonomasien". In diesem Sinne wurde auch der *große Teich* (womit meistens der Atlantik gemeint ist) im Unterschied zum *Großen Belt* bisher klein geschrieben; in Zukunft soll hier Großschreibung gelten. In Einzelfällen kann man hier natürlich verschiedener Meinung sein. War es zum Beispiel richtig, die *Grüne Insel* (= Irland) groß zu schreiben? Immerhin sollte jede Änderung des Üblichen sorgfältig begründet werden.

Die *blaue Blume* der Romantik soll wie bisher klein geschrieben werden. Um einen botanischen Fachausdruck handelt es sich freilich nicht, aber sollte man hier nach den soeben erwähnten Maßstäben nicht einen Eigennamen sehen? Anders als über das Wörterverzeichnis ist die Kleinschreibung nicht zu erschließen. Überhaupt die Farbwörter! Man schreibt sie klein, wenn sie dekliniert oder nichtdekliniert in „bestimmten festen Verbindungen" mit Präpositionen vorkommen: *schwarz auf weiß, grau in grau* (§ 58 [3]). Andererseits sollen Substantivierungen groß geschrieben werden, wenn sie auch ohne Präposition üblich sind. Das ist aber gerade bei den Farbwörtern der Fall: *Das ist ein grelles Rot. Sie hasst Grau* (§ 58 E2) – im Gegensatz zu *bar* in *gegen bar*. Folglich müßte es doch heißen: *schwarz auf Weiß, grau in Grau*? Da dies nicht vorgesehen ist, stimmt auch die Begründung in E2 nicht, es ist eine Pseudobegründung, die einfach verschleiern soll, daß die Neuregelung sich weitgehend an des Herkömmliche hält. Unter *bei weitem* vermerken die Reformer denn auch schlicht, solche Adjektive würden, obwohl substantiviert, „in Anlehnung an den bisherigen Gebrauch" klein geschrieben.[72] Das ist es, und man kann sich alle Pseudobegründungen sparen. Wie Gallmann andernorts darlegt, sind es zum Beispiel rund ein Dutzend gebeugte, aber artikellose substantivierte Adjektive, die in Verbindung mit Präpositionen klein geschrieben werden, und dazu kommen noch andere Fälle, die insgesamt recht ansehnliche Listen von Ausnahmen ergeben, wenn man sie ehrlich zusammenstellt und nicht hinter dem Schleier einer vorgeblichen Regelhaftigkeit versteckt. „Nachschlagen!" ist das Gebot der Stunde. Während die Neuregelung nicht zu sagen weiß, warum *bei weitem* klein geschrieben wird, sondern sich mit Ausnahmenlisten als sichtbarem Ausdruck der reinen Willkür behelfen muß, hat unsere semantisch orientierte Auffassung damit überhaupt keine Schwierigkeiten: Hier ist eben nicht von einem „Weiten" die Rede, daher kommt in erster Linie Kleinschreibung in Frage.

Der *letzte Wille* soll künftig klein geschrieben werden, obwohl der tatsächlich *letzte Wille* eines Menschen nicht unbedingt mit seiner letztwilligen Verfügung, also seinem Testament, identisch ist. Die *Letzte Ölung* und das *Letzte Gericht* bleiben hingegen groß, wie auch der *Heilige Vater*, den die Reformer noch im Sommer 1995 klein schreiben wollten, bevor Kirche und Kultusminister dagegen einschritten. Solche Interventionen haben übrigens dazu geführt, daß die Reformer selbst mit ihrem Werk nicht restlos zufrieden sind. Das Zurückstellen der eigenen wissenschaftlichen Überzeugung hinter politisch motivierte Änderungswünsche der Auftraggeber wird allgemein als unwürdig empfunden und unterminiert die Glaubwürdigkeit der Fachleute.[73] Zur Sache selbst wäre zu sagen: Die eigennamentypische Großschreibung von *heilig* impliziert eine Distanzierung vom Gehalt des Wortes: Ob der Papst heilig ist oder nicht, wird offen gelassen; jedenfalls nennt man ihn so. Die Großschreibung ist zweifellos richtig, die Reformer hätten ohne kirchliche Belehrung darauf kommen müssen.

Insgesamt ist es sonderbar, wie rasch nach jahrzehntelangen Vorarbeiten noch Änderungen an den verschiedensten Stellen in das Reformwerk eingebaut werden konnten, obwohl doch der Entwurf als ganzer, wie man ständig lesen konnte, „wissenschaftlich" so gut abgesichert war. Der Journalist Günther Gillessen hat in einem ähnlichen Zusammenhang geschrieben: „Nicht die Erfolgsaussicht einer Manipulation darf bestimmender Grund (der Reformvorschläge) werden."[74] W. Mentrup beschreibt jedoch recht deutlich, daß manche Vorschläge, etwa die Einheitsschreibung *das* (auch für die Konjunktion) als Verhandlungsmasse ins Spiel gebracht wurden, damit man beim Feilschen mit der Ministerialbürokratie etwas hätte, was man in den Tausch geben könnte. Die Zweite Orthographische Konferenz habe belegt, „daß Beschlüsse zur Orthographiereform ohne die Bereitschaft zum Kompromiß kaum möglich sind."[75] Nicht die wissenschaftliche Überzeugung, die ihrer Natur nach keine Mehrheitsentscheidungen und keine „Kompromisse" kennt, sondern die Erfolgsaussicht bestimmte also wenigstens teilweise über den Inhalt der Reform. Gruppendynamisches mag hinzugekommen sein. Friedrich Roemheld rief schon 1969: „Wann hätte je eine amtliche, halb- oder dreiviertelamtliche orthographische Konferenz etwas Vernünftiges zuwege gebracht!"[76]

Von heute Abend bis Dienstagmorgen

Erstaunlich ist der Eingriff in die Schreibung der Tageszeiten. Auf die Frage *Wann kommt er?* antwortet man nach der bisherigen Regelung:

> *heute morgen*
> *morgen früh*
> *Dienstag abend*

Daraus wird nach der Neuregelung:

> *heute Morgen*
>
> *morgen früh*
>
> *Dienstagabend*

Ein Fortschritt ist hier wohl kaum auszumachen. Bertelsmann jedoch kommentiert unverdrossen: „Gegenüber der bisherigen Schreibung herrscht jetzt Klarheit." Dabei hatte der Reformer Peter Gallmann Jahre zuvor am Beispiel von *heute abend* nachgewiesen, daß *abend* hier kein Substantiv sein kann.[77] Wenn *abend* nicht mit dem gleichlautenden Substantiv identifiziert werden kann, braucht man bei *früh* auch nicht an das gleichlautende Adjektiv zu denken und mit einer neuen Unregelmäßigkeit zu kämpfen.

Die gültige Regelung unterscheidet – grob gesprochen – zwischen der Bezeichnung von wiederkehrenden **Zeiträumen** wie *der Dienstagabend* usw. einerseits und der Angabe von einmaligen **Terminen** wie *heute abend, Dienstag abend* (als Antwort auf die Frage „Wann?") andererseits. Selbst wenn man diesen Unterschied aufgibt, wie es die Reform will, müßte man parallele Konstruktionen gleich behandeln. Anders gesagt: Wenn es *heute abend* gibt, muß es auch *Dienstag abend* geben; wenn es aber *heute Abend* gibt, muß es auch *Dienstag Abend* geben. Denn *heute* und *Dienstag* gehören als Terminangaben in die gleiche Kategorie (*Er kommt heute. Er kommt Dienstag.*). Daß es daneben den *Dienstagabend* – als Bezeichnung eines wiederkehrenden Zeitabschnittes – weiterhin geben muß, steht auf einem anderen Blatt. *Früh* tritt, wo es nicht von vornherein Variante zu *morgen* ist (*heute früh* = *heute morgen*), an die Stelle von *morgen*, um einen störenden Gleichklang zu vermeiden: *gestern morgen, heute morgen*, aber *morgen früh* (statt *morgen morgen*). Dies zeigt noch einmal die völlige Gleichartigkeit, die eine orthographische Gleichbehandlung rechtfertigt. Inzwischen präsentieren Lehrer, die noch weit davon entfernt sind, die ganze Reform zu überschauen, diese neue Perle mit ahnungslosem Stolz auf Merkblättern für die Grundschule: *heute Morgen, heute Abend,* aber *heute früh! –* Das sind die geborenen Lieblingskinder aller Schulmeister, da können sie ohne viel Nachdenken, nur im Vertrauen auf ihr eigenes gutes Gedächtnis, mit sicherer Hand den Fehler anstreichen, denn

> „Orthographie ist das Haxl, bei dem die Schullehrer das Schreiben erwischt zu haben meinen, und es also da festhalten; es hinkt dann freilich bei ihnen auf den drei übrigen Beinchen." (Heimito von Doderer)

Die Neuregelung besteht darauf, das *neue Jahr* (wie bisher) klein zu schreiben, obwohl alle Welt es groß schreibt. Dem wird die Sprachgemeinschaft wohl nicht folgen, da sie sehr wohl zu unterscheiden weiß zwischen dem *nächsten Jahr* und dem *Neuen Jahr,* das wie der *Erste Mai* oder wie Weihnachten alle Jahre wieder kommt und dennoch etwas Einmaliges ist. Es gibt keinen sachlichen Grund, § 64 (3) auf Kalendertage zu beschränken.

Die reformierten Groß- und Kleinschreibungen sind oft überraschend und lassen sich selten vorhersehen: *Jung und Alt, von nah und fern, durch dick und dünn, auf Deutsch, Pleite gehen* (aber *kaputtgehen*), *unter der Hand* (aber *vorderhand;* hierin stimmen die neuen Wörterbücher überein, obwohl sich im Regelwerk selbst nichts dazu finden läßt). *Jedes Mal* ist nach Duden die einzige zulässige Schreibweise, während Bertelsmann daneben noch *jedesmal* kennt. Der Griff zum Regelwerk mit dem amtlichen Wörterverzeichnis schafft keine Klarheit.

Was die Großschreibung von *Jung und Alt, Arm und Reich* im Gegensatz zu *nah und fern* betrifft, so scheint hier eine alte Regel fortzuwirken, die im reformierten Regelwerk gar nicht mehr enthalten ist. Gallmann und Sitta jedenfalls sprechen von

„Paarformeln zur Personenbezeichnung"[78], ohne einen Paragraphen heranziehen zu können, der eine solche Kategorie enthielte.

Bei *unbekannt* war bisher zu unterscheiden *nach unbekannt verreisen* und *Anzeige gegen Unbekannt.* In Zukunft soll einheitlich klein geschrieben werden, während bei *Nummer Sicher* neuerdings nach Belieben auch klein geschrieben werden kann: *Nummer Sicher/Nummer sicher.* Ein Grund für diese Änderungen ist nicht zu erkennen. Im Falle vollkommen starrer Verbindungen wie eben *Nummer Sicher* oder *so daß* ist die Neueinführung von Varianten besonders schlecht zu rechtfertigen. Sie ist auch aus pädagogischen Gründen zu verwerfen, da sie die Ausbildung eines sicheren Rechtschreibgefühls behindert.

Es soll künftig heißen: *Jenseits von gut und böse,* obwohl die Adjektive auch wie bisher als Substantivierungen aufgefaßt werden können. Das Wörterverzeichnis beruft sich auf § 58 (3) zur Rechtfertigung der Kleinschreibung; da jedoch *Gut und Böse* „auch ohne Präposition üblich" ist (vgl. *Gut und Böse nicht unterscheiden können,* ebenso wie: *Falsch und Richtig, Mein und Dein unterscheiden*), müßte es nach E2 auch dann groß geschrieben werden, wenn es mit einer Präposition verbunden ist. Hier widerspricht sich die Neuregelung offenbar. Warum es neuerdings heißen soll *aus Schwarz Weiß machen,* ist nicht zu erkennen; Änderungsbedarf bestand hier gewiß nicht.

Das Deine usw. soll neuerdings nach Belieben klein geschrieben werden können, auch ohne Bezugswort: *das deine tun, jedem das seine.* Dasselbe gilt sogar für *das Deinige/deinige.* Diese Neuerung ist besonders schwer zu begreifen. Sinnvoller wäre es gewesen, den Gebrauch wie bei gewöhnlichen Adjektiven zu regeln: *Ich gehe zu meiner Frau und du zu der deinen/deinigen.*

Es heißt künftig *zu Eigen* machen, obwohl ein Substantiv *Eigen,* das im Wörterbuch mit Recht als „gehoben" gekennzeichnet wird, kaum bekannt ist. Ähnlich die *Letzt*, die in *zu guter Letzt* weitergeschleppt wird (wie bisher; dagegen *zuallerletzt*, ebenfalls wie bisher). Bisher schrieb jedermann *zunutze*; daneben tritt nun *zu Nutze*, obwohl *der Nutz* mit Recht als „veraltet" gekennzeichnet ist. Die *Sonderheit* ist schon lange in Vergessenheit geraten, die Reform erfindet sie gleichsam neu, nur um das Wort *insonderheit* auflösen zu können. In den Wörterbüchern kann man dann nachlesen, das Substantiv *Sonderheit* komme „nur in der Wendung *in Sonderheit*" vor! Bertelsmann widmet ihr einen eigenen Kasten. Der Eintrag *nachhinein* im gleichen Wörterbuch ist allerdings gegenstandslos, da das *Nachhinein* – wie der Duden richtig vermerkt – ebenso wie die *Sonderheit* nur erfunden wurde, um als Substantiv in der Wendung *im Nachhinein* aufzutreten . . .

Der Spinnefeind

Zu einer ebenso denkwürdigen Schöpfung kommt es durch das Ansinnen, das alte, letztlich auf ein Partizip zurückgehende Adjektiv *feind* in der Wendung *jemandem feind sein* als Substantiv zu behandeln: *jemandem Feind sein*. Zwar ignorieren manche Wörterbücher dies (Eduscho schreibt entgegen dem amtlichen Wörterverzeichnis *jemandem feind sein*), dafür aber treibt es der Duden auf die Spitze: „Spinnefeind (ugs.) *nur in* jdm. Spinnefeind sein". Bei *todfeind* allerdings ist die Umstellung vergessen worden. Der *Spinnefeind* ist etwas völlig Neues in der deutschen Sprache. Bertelsmann bleibt bei *spinnefeind*, gerät dadurch freilich in einen Erklärungsnotstand, wenn es um die Großschreibung bei *Feind* geht. Natürlich sind die neuen Großschreibungen bei *jemandem feind* bzw. *freund sein* auch deshalb unzulässig, weil sie auf Wortvernichtung hinauslaufen. Denn daß mir jemand *feind* bzw. *freund* ist, bedeutet keines-

wegs, daß er mein *Feind* oder mein *Freund* ist. Dies zu überse-
hen, läßt auf außergewöhnliche Stumpfheit des Sprachsinnes
schließen. *Freund* und *feind* gehören unter § 56 (1) (*gram, leid*
usw.) und nicht unter § 55 (4), wie das Wörterverzeichnis will.

Das Fragwürdigste sind jedoch die schon unter § 34 E3 (5)
angeführten Neuschreibungen *Leid tun* und *Not tun*. Wendungen wie *sehr Leid tun, gar nicht Leid tun, so Leid es mir tut* sind
grammatisch falsch und legen außerdem ein Verständnis nahe,
das am jeweils Gemeinten vorbeigeht. Dasselbe gilt für *Das tut
doch nicht Not! Ihm tut Beistand Not; es täte dir bitter Not,
deine Hausaufgaben zu machen.* Man braucht dies nur zu sehen, um die Widersinnigkeit der Neuregelung zu erkennen. In
der Sprachwirklichkeit sieht das dann so aus (Neuschreibung
hinzugefügt):

> *Tut mir Leid, Mutter, aber die Hausaufgaben warten.*
> (F.A.Z. 21. 1. 1994)
> *Es tut mir Leid, daß der Schiedsrichter so entschieden hat.*
> (F.A.Z. 28. 2. 1994)

Wer sich zu solchen Schreibweisen genötigt sieht, der könnte wohl mit einem gewissen Unmut ausrufen: Das ist es ja gar
nicht, was ich sagen wollte!

Übrigens bleibt es bei *wehtun* (bisher *weh tun*) und *Das tut
mir sehr weh,* obwohl das *Weh* ebenso wie das *Leid* als Substantiv im Wörterbuch steht. (Dabei ist *leid* in der Wendung
leid tun natürlich gar kein Substantiv, sondern ein altes Adjektiv.)

Die Wörterbücher kannten bisher ein Adjektiv *diät*, das
auch („selten", wie die größeren Dudenwörterbücher bemerken) attributiv gebraucht werden konnte: *eine diäte Lebenswei-
se.* In der Wendung *diät leben* wurde es natürlich adverbial verwendet. Davon wollen die Lexikographen unter dem Diktat der
Neuregelung nichts mehr wissen, es gibt angeblich nur noch das

Substantiv: *Diät leben*, wie *Diät halten*. In Wirklichkeit sind die beiden Konstruktionen schon wegen der unterschiedlichen Wertigkeit der Verben *leben* und *halten* unvergleichbar. Zwar gibt es auch einen „inneren Akkusativ" bei *leben*: *Demokratie leben, seinen Glauben leben* (Duden), *gelebtes Christentum*, aber auf diesen existenziellen Ton ist das schlichte *diät leben* doch wohl nicht gestimmt. Schonkost ist nichts, was gelebt zu werden lohnt. Die Fügsamkeit der Wörterbücher ist erstaunlich: Nur weil nicht sein kann, was nicht sein darf, verleugnen sie ganze Wörter, für deren Existenz sie doch zuvor gewisse Beweise gehabt haben müssen, sonst hätten sie sie ja nicht mit dem Vermerk „selten" anführen können.

Die Namen von Sprachen wurden bisher in der Verbindung mit *auf* klein geschrieben, weil das Ganze in bestimmten Verbindungen als Adverbial galt: *auf deutsch sprechen = deutsch sprechen* (auf deutsche Art und Weise, vgl. *latine loqui*). Hier soll künftig obligatorisch groß geschrieben werden: *auf Deutsch*. Man vergleiche jedoch: *Wenn ich nach Holland reise, versuche ich nicht, mich auf deutsch zu unterhalten, sondern verlasse mich auf Englisch.* – Im zweiten Fall ist die Sprachenbezeichnung ein präpositional angeschlossener „Mitspieler" des Verbs, im ersten dient sie bloß der Kennzeichnung einer Sprechweise. Die unterschiedliche Schreibung war wohlbegründet.

Nach § 55 (3) werden die substantivischen Bestandteile mehrteiliger Fügungen aus fremden Sprachen groß geschrieben, wenn sie „als Ganzes die Funktion eines Substantivs haben": *Alma Mater, Ultima Ratio* usw. Dies setzt natürlich eine beträchtliche Sprachenkenntnis voraus. Die Beispiele sind durchweg dem Englischen und Lateinischen entnommen. Ob der Duden das allseits beliebte indonesische *Nasi-goreng* („auch *Nasigoreng*") richtig geschrieben hat – wer kann das sagen? Die anderen neuen Wörterbücher kennen es ohnehin nicht. Schlägt man hingegen unter *Herpes zoster* (= Gürtelrose) nach, so findet man bei Duden gar nichts, bei Bertelsmann, Bünting (Aldi) und im Duden-Universalwörterbuch *Herpes zoster* und bei Eduscho *Herpeszoster*. Regelkonform wäre *Herpes Zoster,* da der zweite Teil ein Substantiv ist. Das Griechische allerdings fällt unter den Tisch, wie bei den braven Mönchen (graeca sunt, non leguntur).

Zur abschließenden Beurteilung dieses Bereichs mögen wieder die Reformer selbst das Wort ergreifen:

„Die alte Regelung war in diesem Bereich durch zahllose Spitzfindigkeiten belastet. Anders, als viele gehofft hatten, bringt die Neuregelung aber keine radikale Wende. Immerhin ist es gelungen, eine Anzahl von Ausnahmen zu beseitigen. Die Regeln sollten so etwas leichter lern- und handhabbar sein."[79]

Selbst dieser bescheidene Anspruch dürfte kaum erfüllt sein. Obwohl die Reformer das oben beschriebene intelligentere Prinzip der Groß- und Kleinschreibung zugunsten eines eher mechanischen aufgegeben haben, herrscht noch weitgehende Unsicherheit, vor allem aber ein ständiger Sog, sich den neuen Festsetzungen zu entziehen, da sie einer offenbar unwiderstehlichen Tendenz entgegenstehen. Ein prominentes Mitglied des Reform-Arbeitskreises, Horst H. Munske, hat in mehreren Aufsätzen harte Kritik am Erreichten geübt und faßt sie mit folgenden Worten zusammen:

„Nach meiner Auffassung gewinnt in der Neuregelung der Groß- und Kleinschreibung die Rücksicht auf Schreiblerner die Oberhand vor der Beachtung möglichst differenzierter Informationen für den Leser. Hierin sehe ich einen Rückschritt gegenüber der Entwicklung deutscher Rechtschreibung seit dem 16. Jahrhundert, die in erster Linie leserbezogen war."[80]

Zeichensetzung

Wenig praktikabel

Bei der Zeichensetzung ändert sich wenig. Hauptsächlich für das Komma soll eine liberalere Handhabung zugelassen werden, die es dem Schreiber weitgehend überläßt, wo er ein Komma setzen will. Insgesamt gesehen, wird durch die Reform die im Laufe der Jahrhunderte immer deutlicher ausgeprägte grammatische Kommasetzung durch die altertümliche rhetorische Kommasetzung verdrängt. Man hat auch darin nicht zu Unrecht eine Rückentwicklung gesehen, die ziemlich bedenkenlos über den intuitiv erreichten Fortschritt an Leserfreundlichkeit hinweggeht.

Am wichtigsten ist die Regel, daß zwischen Hauptsätzen, die mit *und* oder *oder* verbunden sind, kein Komma mehr stehen muß. Hier wurden offenbar die bekannten Zweifelsfälle für so schwierig gehalten, daß man die Zweifelnden mit einem einzigen Befreiungsschlag erlösen wollte. Im einschlägigen Paragraphen heißt es: *Ich habe sie oft besucht und wir saßen bis spät in die Nacht zusammen.* Schon im nächsten Paragraphen steht aber:

> „Bei gleichrangigen Teilsätzen, die durch *und*, *oder* usw. verbunden sind, kann man ein Komma setzen, um die Gliederung des Ganzsatzes deutlich zu machen."

Was heißt „Gliederung"? Wenn ein lehrbares Kriterium fehlt, herrscht Beliebigkeit. Als Beispiel wird angeführt: *Ich habe sie oft besucht(,) und wir saßen bis spät in die Nacht zusammen, wenn sie in guter Stimmung war.* Aus dem Beispiel geht nicht hervor, worin der Unterschied zum ersten Satz besteht und warum hier ein Komma empfohlen wird. Es ist anzunehmen, daß diese Lücke alsbald durch eine Rückkehr zur alten, grammatisch definierten Unterscheidung ausgefüllt wird, an der man nach wie vor den geschickten Schreiber erkennen wird. Die Reformer scheinen geradezu darauf zu vertrauen, daß gebildete Schreiber sich der alten Regelung erinnern und so die Dürftigkeit der Neuregelung vergessen machen werden.

Das trifft besonders auf die neue Kommasetzung bei Infinitivsätzen und „entsprechenden Wortgruppen" zu (eine Ausdrucksweise, deren Vagheit man frühzeitig kritisiert hat). Die Reformer Gallmann und Sitta fügen ihrem Kapitel über die Zeichensetzung einen Anhang „Das Komma bei Infinitivgruppen" bei, der mit folgenden Worten beginnt:

> „Die neue amtliche Regelung gibt das Komma bei Infinitivgruppen praktisch frei. Für manche berufsmäßig Schreibende mag dies aber wenig praktikabel sein. Wir möchten daher eine Präzisierung für die Kommasetzung bei Infinitivgruppen vorschlagen. Sie orientiert sich am bisherigen Schreibgebrauch, kommt aber mit einer einzigen Hauptregel aus."[81]

Damit ist deutlich genug gesagt, daß die Neuregelung den Ansprüchen einer hochentwickelten Schriftkultur nicht gerecht wird. Die beiden Autoren machen in ihrem Duden-Taschenbuch ferner auf einen Fehler des § 76 aufmerksam, der die Kommasetzung auch dort erlauben würde, wo sie „gänzlich ausgeschlossen" ist (*Der Bagger drohte in den Graben zu stürzen. Ich habe noch zwei Briefe zu schreiben*) und fügen treffend hinzu: „Dabei wird unausgesprochen auch auf die Sprachkompetenz der Schreibenden vertraut (...)".

Untersucht man die eigene Praxis der Neuschreiber, so stellt man fest, daß entweder die alte Kommaregelung weitgehend beibehalten wird oder völlige Beliebigkeit herrscht. Zeitschriften, die sich angeblich der neugeregelten Rechtschreibung befleißigen, richten sich bei der Kommasetzung meist nach der alten Norm, die ja weiterhin fast vollständig in Geltung bleibt. Der Haupteffekt scheint also zu sein, daß in der Schule gewisse Arten von Kommafehlern keine mehr sein sollen. Das hätte man billiger haben können.

Der absolute Akkusativ braucht nicht mehr mit Komma abgetrennt zu werden: *Er sah den Spazierstock in der Hand tatenlos zu.* Hier wird es fast immer zu lesehemmenden Mißverständnissen kommen. Die alte Regelung war in jeder Hinsicht die bessere, und sie war auch keineswegs schwer zu lernen.

In allen diesen Fällen – Hauptsätze mit *und/oder*, erweiterte Infinitive, absoluter Akkusativ – ist der zu regelnde sprachliche Sachverhalt grammatisch eindeutig definiert. Wenn nun trotz dieser eindeutigen grammatischen Sachlage die Kommas aus unerfindlichen Gründen einmal stehen, ein andermal fehlen, kann sich beim Lernenden keine Sicherheit einstellen. Es ist auch nicht zu erwarten, daß diese Unsicherheit als „Gewinn an Freiheit" erfahren wird.

Den Partizipial- und Adjektivsatz soll es überhaupt nicht mehr geben. Damnach wären folgende Sätze ohne jedes Komma in Zukunft korrekt:

> *Obwohl rechtzeitig auf den Fehler hingewiesen verbesserten die Reformer ihn nicht.*
> *Endlich wieder allein setzten sie ihre Lektüre fort.*

Wieder eine Fehlermöglichkeit weniger, aber um welchen Preis!

Das zusätzliche Komma nach einer mit Ausrufe- oder Fragezeichen abgeschlossenen wörtlichen Rede („*Komm!*", *rief sie*) scheint auf den ersten Blick zu größerer Systematik zu führen. Dieser Schein trügt jedoch. Die wörtliche Rede ist ja eine Ergänzung zum redeeinführenden Verb (hier: *sagen*). Zwischen dem Verb und seiner Ergänzung steht aber zunächst einmal kein Komma. Das gewöhnliche Komma nach der wörtlichen Rede ist eine wohlbegründete Ausnahme, die sicherstellt, daß es sich beim angeführten Teil nicht nur um ein Zitatwort handelt („ *Vater*" *sagte sie zu ihm*; d. h. hier: Sie nannte ihn *Vater*), sondern eben um angeführte Rede. Steht bereits ein Ausrufe- oder Fragezeichen, so entfällt dieser Grund zu einer graphischen Unterscheidung. Daher wurde ein zusätzliches Komma in diesen Fällen bisher von niemandem vermißt.

Bei der Kommasetzung ist noch besonders zu beklagen, daß die Zahl der darauf bezüglichen Regeln sich nur scheinbar vermindert hat, da sich unter den wenigen Paragraphen in Wirklichkeit eine Unmenge als „Erläuterungen" getarnte Sonderregeln verbergen.

Worttrennung (Silbentrennung)

Alla-bendliche Lust-ration

Die Worttrennung am Zeilenende verfährt nach der alten wie neuen, im wesentlichen schon vor hundert Jahren formulierten Grundregel:

„Geschriebene Wörter trennt man am Zeilenende so, wie sie sich bei langsamem Sprechen in Silben zerlegen lassen."

Die Reform dehnt diese Regel auch auf die Verbindung *st* aus, die aus nie ganz geklärten, wahrscheinlich drucktechnischen Gründen bisher nicht getrennt wurde. Obwohl die alte Regel mit Hilfe des bekannten Merkspruches nicht schwer zu erlernen war, braucht man ihr keine Träne nachzuweinen. Die Neuregelung ist vielleicht die einzige Veränderung, die keine negativen Seiten hat – außer daß sie überhaupt eine Änderung und damit kostenträchtig ist. Leider wird der Vorteil der Trennung von *st* gleich wieder aufgehoben durch die Nichttrennung von *ck*. Diese Buchstabenverbindung ist eine konventionelle Schreibung für *kk* und nimmt denselben systematischen Ort ein wie andere Verdoppelungen von Konsonantenbuchstaben zur Kennzeichnung der Kürze des vorhergehenden Vokals. Bei der Silbentrennung wurde das *ck* bisher folglich wieder in *kk* aufgelöst und diese Verbindung dann getrennt, also *bak-ken* wie *bitten* usw. Nach der Neuregelung darf *ck* nicht mehr getrennt werden: *ba-cken, Zu-cker* usw. Diese Trennung widerspricht aber nun der Grundregel, da es in echt deutschen Wörtern keine offenen Silben mit kurzem Vokal gibt. Der Doppelkonsonantenbuchstabe deutet vielmehr gerade an, daß der Konsonant als „Silbengelenk" zu beiden Silben gleichzeitig gehört. Richtiger wäre es gewesen, die Schreibung *ck* von vornherein durch *kk* zu ersetzen, wie im Niederländischen, wo man *bakken* schreibt. § 109 stellt *ck* den Buchstabenverbindungen *ch, th, sch* usw. gleich, die jeweils „für **einen** Konsonanten" stehen, aber dadurch wird der systematische Ort von *ck* verdunkelt. Bezeichnenderweise findet *ck* auch keinen Platz in den Tabellen zur Laut-Buchstaben-Zuordnung (§ 22), wo es zwar die Entsprechungen [ç], [x] – *ch* usw. gibt, aber keineswegs [k] – *ck*! Vielmehr gibt § 3 (1) an, wohin das *ck* eigentlich gehört: „Statt *kk* schreibt man *ck*." – Ein klarer Widerspruch im Regelwerk. Denn wenn *ck* nur ein „Digraph" wäre wie *ch* usw., müßte jeder Bezug auf *k* und damit auch jener Satz aus § 3 gestrichen, *ck* jedoch in die Tabelle der Laut-Buchstaben-Zuordnung aufgenommen werden. Bei rein lautlicher Betrachtungsweise stehen nicht nur *ck, ch* und *sch* für je einen einzigen Konsonanten, sondern auch *mm* (*Schlamm*), *ll* (*hell*) usw., ja sogar die neueingeführten Dreifachschreibungen *mmm* (*Schlammmasse*), *lll* (*helllicht*).[82] Auch sie müßten folglich in die Tabelle der Laut-

Buchstaben-Zuordnungen aufgenommen werden, was aber selbstverständlich nicht geschehen ist.

Bemerkenswert ist auch, wie vage sich § 109 ausdrückt:

„Stehen Buchstabenverbindungen wie *ch*, *sch*; *ph*, *rh*, *sh* oder *th* für *einen* Konsonanten, so trennt man sie nicht. Dasselbe gilt für *ck*."

Was heißt „dasselbe"? Daß *ck* für einen Konsonanten steht oder daß man es nicht trennt oder beides? Man glaubt das schlechte Gewissen zu spüren, das die Reformer hatten, als sie eine klarerweise neugeschaffene Ausnahmebestimmung nicht als solche darzustellen wagten.

Ferner ist zu bemerken, daß *ch* und *sch* Notbehelfe zur Schreibung von Phonemen sind, für die wir im Deutschen keine gesonderten Buchstaben besitzen, während *th*, *rh* usw. entbehrliche Luxusschreibungen in Fremdwörtern sind. Die Gruppierung *ch*, *sch*, *th* usw. verdeckt diesen Unterschied. Am meisten vernachlässigt wird jedoch die Tatsache, daß die Nichttrennung von *ck* das Wortbild nur scheinbar unverändert läßt, wenn man nämlich die Trennung *ba-cken* demonstrationshalber nur wie hier vorführt. In Wirklichkeit kommt ja der Zeilensprung hinzu, die weite räumliche Entfernung also, die am Ende der ersten Zeile einen wesentlich informationsärmeren Rest zurückläßt, als dies bei der Trennung von Doppelbuchstaben sonst (auch bei *bak-ken*) der Fall ist. *Hek-*, *blik-* usw. sind stets informativ und führen den Leser auch nicht irre, weil eine andere Fortsetzung als mit einem zweiten *k* nur selten in Betracht kommt. Und schließlich: **Jede** Trennregel für *ck* verstößt gegen irgendwelche anderen Regeln, die Nichttrennung verstößt aber gegen die **Hauptregel,** die Trennung nach Sprechsilben!

Regeltechnisch stellt sich die interessante Frage, wie § 107 und § 108 des Regelwerkes zueinander stehen. Der erste gibt die Trennung nach Sprechsilben vor, der zweite bringt die

Regel, wonach der letzte von mehreren Konsonantenbuchstaben auf die nächste Zeile kommt. Der Übergang wird mit „Dabei gilt im Einzelnen:" hergestellt. Es fragt sich also, ob die Abtrennung des letzten von mehreren Konsonanten nur dann eintreten soll, wenn sie zugleich der Trennung nach Sprechsilben entspricht. Dann wäre die Zusatzregel allerdings überflüssig. Gegen eine solche Deutung spricht aber vor allem der Eintrag *wid-rig*, denn für diesen Fall wird im Vorwort (3.1) ausdrücklich festgestellt, daß die Trennung *wid-rig* als Abweichung von der Sprechsilbengliederung (*wi-drig*) zu gelten habe. Wenn § 108 Abweichungen von § 107 ermöglicht, dann spricht auch nichts mehr gegen die Trennung *Subsk-ription* usw., die von den neuen Wörterbüchern auffallenderweise gemieden wird. Gerade bei Fremdwörtern fragt sich, welche „Silben" zugelassen sind, denn nach deutschen Syllabierungsregeln wird man oft nicht verfahren können. Aber selbst für deutsche Wörter ist die Sprechsilbenzerlegung nicht immer eindeutig: *impfen*, *Karpfen*, *kühnste*, *knusprig* (alle aus § 108) lassen sich durchaus unterschiedlich in Sprechsilben zerlegen. Es ist ganz ungewöhnlich, daß selbständige Paragraphen durch eine Formel wie „Dabei gilt im Einzelnen:" miteinander verknüpft sind. Nur zwischen § 90 und den folgenden steht noch einmal „Im Einzelnen gilt:", doch geht es dort nicht um miteinander konkurrierende Regeln wie bei der Silbentrennung. Denn § 90 gibt an, **wo** bei angeführter Rede die Satzzeichen stehen, während die folgenden Paragraphen festlegen, **welche** Satzzeichen **überhaupt** gesetzt werden.

Eine weitere Auffälligkeit der Neuregelung ist die ungeheure Zunahme der Trennmöglichkeiten, besonders bei Fremdwörtern. Es kann nämlich grundsätzlich nach Sprechsilben, nach historischen Gesichtspunkten und nach jener mechanischen Regel getrennt werden, die den letzten von mehreren Konsonanten auf die nächste Zeile bringt. Hinzu kommt noch das

Beisammenlassen bestimmter Konsonantenverbindungen in Fremdwörtern. Das war auch bisher schon so geregelt, aber die Reform kennt weniger Beschränkungen zugunsten des historischen Trennens, das ja immer eine gewisse Bildung und Sprachbewußtheit voraussetzt. Man trennt also jetzt entweder *Pä-dagogik* nach Sprechsilben oder *Päd-agogik* nach der griechischen Etymologie, *Helikop-ter* oder *Heliko-pter* usw. *Kastrat* wurde bisher *Ka-strat* getrennt, neuerdings nur noch *Kas-trat* oder *Kast-rat* (wie *Studien-rat*). Das dreisilbige Wort *Industrie* hat vier mögliche Trennstellen: *In-du-s-t-rie*. Auch für *Exuvie* sind vier Trennstellen vorgesehen; nimmt man aber die in den Wörterbüchern angegebene Aussprache der letzten Silbe (*-je*) ernst, so müßte es eigentlich noch eine fünfte Trennmöglichkeit geben: *E-x-u-v-i-e*, womit gewissermaßen der Idealfall gegeben wäre. Die Vervielfachung der Trennmöglichkeiten hat den Nachteil, daß ein und dasselbe Wort innerhalb eines Textes nun ständig in unterschiedlicher Gestalt auftreten kann.

Andererseits ist bei zahllosen Wörtern, die wir aus dem Lateinischen und Griechischen teils direkt, teils durch Vermittlung anderer Sprachen übernommen haben, die gelehrte Trennung in der Tat eine unvertretbar hohe Anforderung. Unter tausend Mitbürgern finden wir vielleicht nur einen, der das Wort *Helikopter* in seine bedeutungstragenden wirklichen Bestandteile zerlegen kann. Solange das Trennen nach der Etymologie oder Morphologie überhaupt zugelassen ist, wird es immer eine Ermessensfrage bleiben, wie weit man nach dem einen oder nach dem anderen Prinzip trennen will. Daher wird es aber auch immer Gebildete geben, denen es widerstrebt, zum Beispiel *Sy-no-nym* zu trennen. Sie dürfen weiterhin *Syn-onym* trennen, dagegen ist die organische Trennung einer Reihe von anderen Wörtern wie *Kategorie* schon längst beseitigt, da auch nach der alten Regel nur *Ka-tegorie* getrennt werden darf. Eine ähnliche Verlagerung der Trennstelle haben wir aber auch in deutschen Wörtern. Zum Beispiel hat sich die genaue Zusammensetzung von Wörter wie *Obacht*, *Abort* usw. schon ziemlich verdunkelt, wie man ja auch deutlich hört, wenn der zweite Teil ohne harten Vokaleinsatz gesprochen wird. Diese Wörter zerfallen dann bei künstlich verlangsamtem Sprechen – wenn man sich über den kurzen offenen Vokal hinwegsetzt – tatsächlich in *O-bacht* und *A-bort*, durften aber bisher nicht so getrennt werden, weil einzelne Vokalbuchstaben nicht abgetrennt wurden. Nun ist dieses Verbot gefallen, und die Neuregelung sieht konsequenterweise Trennung nach Sprechsilben vor. Dies gilt auch für *beo-bachten*, *ei-nander*, *hi-nauf*, *vol-lenden* usw. Gegen die neuzugelassenen Trennungen *Klei-nod*, *Ei-nöde* (§ 112) ist auch nicht viel zu sagen, da sie nur scheinbar gegen die historische Trennung verstoßen. (Duden schließt sich allerdings der neuen Trennbarkeit von *Kleinod* nicht an.) Eine andere Frage ist, ob die Silbentrennung, die ja immer eine Stockung und ein Augenblick der Besinnung im Schreibfluß ist, nicht doch der geeignete Ort wäre, wenigstens die geläufigsten Tatsachen der Wortbildung ins Bewußtsein zu rufen. Daß und wie *hinauf*, *einander* usw. zusammengesetzt sind, ist dem **Sprecher** zwar nicht jeden Augenblick bewußt, dem **Schreiber** aber ohne weiteres bewußt zu machen, zumal ihm ja in anderen Bereichen die kompliziertesten Gedankenexperimente und Wortfamilienrecherchen zugemutet werden sollen.

Viele Deutsche sprechen bekanntlich auch Wörter wie *in acht* (*nehmen*) gebunden, also ohne Knacklaut vor *acht*. Dies könnte eine Schreibung wie *inacht* rechtfertigen und in weiterer Konsequenz eine Verschiebung der Silbengrenze, die in Verbindung mit den neuen Trennmöglichkeiten zu einer Worttrennung *i-nacht* (analog *O-bacht*) führen würde. Das ist gewiß nicht wünschenswert; ich führe es nur an, um die innere Logik der Neuregelung aufzudecken. In Wirklichkeit weiß auch derjenige Sprecher, der die gebundene Aussprache pflegt, sehr wohl, wo die eigentlichen Wortgelenke liegen. Neue Trennungen wie *vo-rab* (Bertelsmann) oder *Son-nabend* (Duden) scheinen daher unnötig.

Ebenso wird jeder sich klarmachen können, daß das *syn* von *synonym* ja noch in sehr vielen anderen Wörtern vorkommt und ´zusammen´ bedeutet. *Interessant* kann und soll neuerdings *inte-ressant* getrennt werden, aber *inter* ist auch einer der geläufigsten Bestandteile von sehr bekannten Fremdwörtern in unseren internationalen Zeiten. Wo solche Reihenbildung vorherrscht, kann dem Schreiber wohl doch etwas mehr zugemutet werden. Außerdem: Gelehrte Ausdrücke wie *Akrostichon* oder *Hemistichion* werden nur von Fachleuten benutzt, die unvermeidlicherweise auch verwandten Wörtern wie *stichisch*, *Stichomythie* begegnen und daher auf jeden Fall wissen, wie sie zusammengesetzt sind. Ihnen mit „deutschen" Trennungen wie *Akros-tichon* und *Hemis-tichion* entgegenkommen zu wollen, ist nicht nur überflüssig, sondern geradezu widersinnig.

Die Reformer Gallmann und Sitta schreiben in ihrem Handbuch, angesichts gleichberechtigter Trennmöglichkeiten bestehe die „Gefahr", daß „bei denen, die Latein und Griechisch lernen (...) die Trennung nach Bestandteilen zur Vorzugsvariante wird". Dem solle die Schule entgegenwirken, indem sie die gelehrten Trennungen gar nicht erst unterrichte, sondern zugunsten der Sprechsilbentrennung verheimliche. Erst auf der Sekundarstufe könne man „gegebenenfalls die Empfehlung aussprechen", „unschöne" Trennungen wie *Att-raktion*, *Inf-lation* usw. zu vermeiden. Aber was ist daran unschön? In solchen Urteilen schlägt einfach die humanistische Bildung durch.

Der Grundsatz, auch fremdsprachige Zusammensetzungen nach ihren Bestandteilen zu trennen, ist im Laufe der Zeit immer strenger ausgelegt worden, so daß die alte Dudennorm von 1902, wonach notfalls, d. h. bei Unkenntnis der fremden Sprache, auch nach Sprechsilben getrennt werden durfte, etwa mit der 14. Auflage des Duden (1954) entliberalisiert wurde. Das geschah jedoch nicht aus reiner Willkür, sondern weil die striktere Trennung (*Atmo-sphäre*, *Inter-esse* usw.) sich weithin durchgesetzt hatte. Es war dieselbe Entwicklung eingetreten, die Gallmann und Sitta auch heute wieder als „Gefahr" ansehen.

Die schon erwähnte Abtrennung einzelner Vokalbuchstaben bringt kaum Vorteile, und die Reformer raten bezeichnenderweise auch selbst davon ab, diese neue Möglichkeit allzu ausgiebig zu nutzen. Mit einzelnen Buchstaben am Zeilenende kann man nichts anfangen: *A-bend, I-gel, E-sel*. Innerhalb von Zusammensetzungen sind sie oft irreführend: *Gummie-lastikum, Preise-lastizität, Liebesa-benteuer, durcha-ckern, allabendlich* usw. und sollten deshalb nach dem Rat mancher Reformer gemieden werden.

Wolfgang Mentrup argumentiert in der für die Reform typischen Weise:

> „Die Trennung im Deutschen nimmt auch in vielen anderen Fällen keine Rücksicht auf den Wortstamm (...) Über dadurch verursachte Leseschwierigkeiten ist bisher nichts bekannt. Der Zusammenhang des Textes, der Kontext, steuert – auch hier – das richtige Verstehen."[83]

Neue sinnwidrige Trennungen werden also mit dem Hinweis auf bereits bestehende sinnwidrige Trennungen gerechtfertigt. Hilft der Kontext über **einen** Stolperstein hinweg, so wird er auch über deren **viele** hinweghelfen. Ein sophistischer Trugschluß, wie er im Buche steht.

Es ist daher nicht einzusehen, warum wenigstens diese leicht zu merkende alte Regel nicht beibehalten wurde. Die neue Abtrennbarkeit einzelner Vokale und die neue Nichttrennbarkeit von *ck* ergeben zusammen so schauderhafte Gebilde wie *E-cke*, die in Lehrerhandreichungen auch noch als besondere Errungenschaften der Reform vorgeführt werden!

Das amtliche Wörterverzeichnis

Pups

Zum amtlichen Regelwerk gehört auch ein Wörterverzeichnis. Es umfaßt rund 12.500 Wörter[84] und soll den „zentralen rechtschreiblichen Wortschatz" darstellen. An anderer Stelle ist davon die Rede, daß dieses Verzeichnis „die neue Regelung auf den **zentralen deutschen Wortschatz** anwendet" (Hervorhebung von mir). Leider ist es unmöglich herauszufinden, was dieser Begriff bedeutet. Ein Grundwortschatz der deutschen Sprache kann es nicht sein, denn dazu kann man Wörter wie *Aland, Alant, ansträngen, Aventurin, Baryt, cheerio, Diorama, Draisine, gentlemanlike, glazial, Grafie, Güster, Hovawart, Kalmus, Khedive, Lithurgik, Nerfling, Phillumenie, Pitaval, Pitchpine, Salband, Scheurebe, Schörl, Skink, Töff, Toque, vidieren, Woiwode, Zineraria* und manche anderen wohl kaum zählen. Andererseits ist der eigentliche Kernwortschatz aber ziemlich vollständig darin enthalten, dazu ein großer Teil des alltäglichen Sachwortschatzes, also Wörter wie *an, kommen, Tisch, Wasser* usw., die keinerlei rechtschreibliche Schwierigkeiten bieten, so daß man auch nicht annehmen kann, der „zentrale rechtschreibliche Wortschatz" sei ein Lexikon der orthographischen Hauptschwierigkeiten. Einige äußerst seltene Wörter dürften wie schon im alten Duden nur wegen ihrer Verwechselbarkeit mit bekannteren Wörtern aufgenommen sein, so *ansträngen* (= anschirren) zur Abgrenzung von *anstrengen, Lithurgik* wegen der verwirrenden Nähe zu *Liturgik, Kennel* wegen schweizer. *Kännel, Dole* wegen *Dohle usw.* Aber auch der Zufall dürfte eine Rolle gespielt haben. Auffällig viele Wörter gehören zur Sprache des Tennissports (*Advantage, Tiebreak, Grandslam, Smash*). Auch die Namen von Mineralien und von Angelfischen sind stark vertreten, dagegen fast nichts aus der Musik und aus dem Bankwesen (es fehlen *Diskont, Disagio* und ähnliche Wörter, mit denen man doch im Geschäftsleben recht oft zu tun hat). *Kalmus* ist verzeichnet, *Ibis* nicht; auch die *Fluke* fehlt, die heute wegen der ökologischen Wal-Begeisterung fast jedes Kind kennt. Das rechtschreiblich durchaus bedeutsame *Dickicht* fehlt, ebenso der *Niet* neben der angeführten *Niete* (während *Nut* neben *Nute* genannt wird). Man vermißt ferner das in den letzten Jahren sehr bekannt gewordene Wort *Schoa(h)* bzw. *Shoah*, das auch keines der neuen Rechtschreibwörterbücher anführt. Nur im achtbändigen Duden-Wörterbuch steht es, und zwar in der Form *Schoah*, was die rechtschreibliche Relevanz noch einmal unterstreicht.

Neben *selbständig* wird auch *selbstständig* zugelassen, was allerdings nicht zum Aufgabenbereich einer Rechtschreibreform gehört, denn hier handelt es sich um eine alte Nebenform, d. h. ein anderes **Wort** und nicht um eine **Schreibvariante**.[85] *Selbständig* schreibt man weiterhin *selbständig*, und *selbstständig* schreibt man natürlich *selbstständig*, da gibt es **orthographisch** nichts zu reformieren.[86] (Die Beflissenheit, mit der Menschen, die bisher nie *selbstständig* gesagt und geschrieben haben, dies nun im Gefolge der Reform tun zu müssen glauben, wirkt allerdings ein wenig subaltern. Manche sind bereits reumütig zu ihrer angestammten Redeweise zurückgekehrt.) Auch die Zulassung der populären Nebenform (nicht Nebenschreibung!) *Hämorriden* ist keine orthographische Maßnahme. Dasselbe muß man von der Entscheidung sagen, den Namen des alpinen Fallwindes *Föhn* nunmehr anstelle des geschützten AEG-Markennamens *Fön* auch zur Bezeichnung des Haartrockners zu machen. *Paradentose* ist keine Nebenschreibung von *Paradontose*.

Ich habe schon darauf hingewiesen, daß das Wörterverzeichnis nicht alle Beispielwörter des Regelteils anführt (*sandstrahlen* usw., auch *hochrechnen* fehlt). In der Einleitung des Reformwerks wird angekündigt:

„Ableitungen und Zusammensetzungen sind nur angegeben, wenn sich bei der Anwendung von Regeln (zum Beispiel zur Getrennt- und Zusammenschreibung) Schwierigkeiten ergeben können."

Solche Schwierigkeiten ergeben sich aber zweifellos bei denjenigen Bindestrichzusammensetzungen nach § 45 (2), die es, wie wir gesehen haben, nach § 36 E1 (2) gar nicht geben dürfte: *wissenschaftlich-technisch, lateinisch-deutsch*, dazu noch das im Regelteil nicht angeführte *ewig(-)gestrig* usw. Alle diese Wörter sind nicht ins Wörterverzeichnis aufgenommen.

Obwohl das Werk keineswegs für die Hand des Schülers bestimmt ist und seinem Gesamtkonzept nach nicht nur die Schulorthographie regeln soll, fehlt außerdem alles Vulgäre, wie man es zum Beispiel im **Schüler**duden „Die richtige Wortwahl" (1990) überreichlich findet: *bumsen, ficken, Furz, Kacke, kotzen, pinkeln, pissen, Puff* und noch ein paar andere, die jeder kennt und nach deren Schreibweise sich, wie ein Dudenredakteur einmal mitteilte, viele Menschen erkundigen. Sogar *Scheiße* fehlt, das bekannteste deutsche Wort, das man noch im letzten Winkel Kalabriens hören kann, wenn beinahe alle Erinnerung an die Montagehallen in Rüsselsheim oder Wolfsburg geschwunden ist. Dafür finden wir jedoch die unerhört kühnen Einträge *Pup, Pups, Pupser* ≠ Pub sowie *Pups, Pupser, Pup* ≠ *Pub* und natürlich *Pub* ≠ *Pup*. Die geziert-verhüllende Bedeutungsangabe „Blähung" paßt ins Bild. *Po/Popo* und *Popo/Po* hat man auch gewagt. Das ist nicht gerade Geist vom Geiste Jacob Grimms, der im Deutschen Wörterbuch bekanntlich sagt, das Vorbringen und nicht das Verschweigen der Wörter sei die Aufgabe des Wörterbuchs. Auf Anfrage schrieb der verantwortliche Mitarbeiter des Instituts für deutsche Sprache, der Arbeitsausschuß der Kultusministerkonferenz habe sich „nach langem Hin und Her" gegen die Aufnahme unanständiger Wörter entschieden. Das Biedermeierliche dieses Bescheids paßt vorzüglich ins Bild einer in vieler Hinsicht reaktionären Reform.

Vergleich der Wörterbücher

Weit gehend blau gemacht

Zur Beurteilung der Rechtschreibreform gehört auch eine Untersuchung der repräsentativen Rechtschreibwörterbücher, denn erstens muß überprüft werden, wie sich das Regelwerk auf den gesamten Wortschatz auswirkt, und zweitens ist die deutsche Rechtschreibung (wenn man von kurzen Episoden absieht) zum erstenmal in diesem Jahrhundert nicht mehr mit den Angaben in einem einzigen Wörterbuch identisch. Vielmehr sind alle Wörterbücher, die sich an das amtliche Regelwerk halten oder zu halten behaupten, grundsätzlich gleichberechtigt. Zuerst waren es zwei, Bertelsmann und Duden, die mit diesem Anspruch auftraten. Gegen Ende des Jahres 1996 erschienen zahlreiche weitere, die jedoch nicht von lexikographisch erfahrenen Autoren verantwortet werden; in Lebensmittelfilialen, bei Kaffeeröstern, auf Postämtern und in den Ramschkästen „Moderner Antiquariate" findet man inzwischen eine ständig wachsende Anzahl von Rechtschreibbüchern. Ich beschränke meine Betrachtung weitgehend auf Bertelsmann und Duden. Beide sind nach deutscher Tradition keine reinen Rechtschreibwörterbücher, sondern allgemeine Nachschlagewerke mit Angaben zur Aussprache, zur Bedeutung usw. Beide bieten auch das amtliche Regelwerk, Duden außerdem noch eine alphabetisch geordnete, didaktisierte Aufbereitung der äußerst schwerverständlichen Originalregeln.

Das Bertelsmann-Wörterbuch – es erschien, wie erwähnt, buchstäblich über Nacht, nämlich genau einen Tag nach der Unterzeichnung der „Absichtserklärung" der deutschsprachigen Länder – ist offenbar in großer Eile hergestellt worden, denn es enthält vom Vorwort über den einführenden Teil bis zum Wörterverzeichnis viele Fehler sowohl sachlicher als auch orthographischer Art. Das Werk ist mit einem Geleitwort des Reformers Klaus Heller versehen, der jetzt Mitarbeiter des Instituts für deutsche Sprache (IDS) in Mannheim ist. Auf diese Weise ist es dem Verlag möglich geworden, den Namen der Dudenstadt auf den Einband und den Medienkonzern mit dem Forschungsinstitut in eine zweifellos vorteilhafte Verbindung zu bringen. Wohl auf eine Intervention des IDS hin ist der Name des Instituts vom Einband verschwunden, neuerdings sogar der Name des Geleitwortschreibers, der in letzter Zeit durch unqualifizierte Äußerungen zur Reform auffällig geworden ist. (Dafür taucht das Wort *Mannheim* nun auf dem Einband der Taschenbuchausgabe des Wörterbuchs vom Verlag Naumann & Göbel auf, das zuerst von Eduscho vertrieben wurde. Dort firmiert nämlich der Geleitwortschreiber und **Dortmunder** Professor Zabel als Angehöriger des „Instituts für deutsche Sprache, Mannheim"! Diese wundersame Personalvermehrung ließe sich endlos fortsetzen, doch könnte sie sich bei einer allfälligen Evaluation als nachteilig für ein derart aufgeblähtes Institut erweisen.)

Was bei Bertelsmann in den roten Kästen und in den Erläuterungen zu einzelnen Regeln steht, ist zu einem beträchtlichen Teil falsch.[87] Der Herausgeber scheint weder die alten noch die neuen Regeln verstanden zu haben. Zu den gröbsten Schnitzern im alphabetischen Teil gehören wohl Einträge wie *Maschinen schreiben, Maschinen geschrieben.*

Ungleich ernster sind die zahllosen Abweichungen zwischen den beiden Werken. Zunächst fällt auf, daß jedes die Möglichkeiten der Silbentrennung nur sehr lückenhaft darstellt. Und zwar sind jeweils unterschiedliche Auszüge aus den möglichen Trennungen angegeben. Der Duden begründet dieses selektive Vorgehen damit, daß er nur die sinnvoll erscheinenden

121

Trennungen angeben wolle, während Bertelsmann ohne eine
solche Ankündigung grundsätzlich ebenso verfährt. Seither erschienene Wörterbücher sind in dieser Hinsicht manchmal vollständiger.

Im einzelnen ist das Vorgehen unterschiedlich. Laut Duden
wird *ext-ra* getrennt, doch gibt es einen Verweis auf die Regel,
nach der man sich auch die Trennung *ex-tra* zusammenreimen
kann. Bei Bertelsmann ist dies die einzige zulässige Trennung,
es gibt keinen Verweis auf andere Möglichkeiten. Umgekehrt
hat der Duden nur die Trennung *abs-trakt*, Bertelsmann kennt
abs-trakt und *ab-strakt*, aber keines der beiden Bücher sieht
abst-rakt vor, obwohl genau dies, also die Abtrennung des letzten Konsonantenbuchstabens, einer der Grundregeln entsprä-
che. Kein Lehrer ist berechtigt, diese zuletzt erwähnte Trennung nur deshalb anzustreichen, weil sie nicht in den
Wörterbüchern steht.

Reneklode kann nach Bertelsmann nur *Rene-klode* getrennt
werden, nach Duden auch *Renek-lode* – skurril genug, aber
konsequent. Bertelsmann trennt: *Kon-stabler, Kon-stellation,
kon-tra*, Duden hingegen: *Kons-tabler*, (auch:) *Kons-tellation,
Kons-tipation, kont-ra*, aber nur *Kon-struktion*, obwohl hier
auch *Kons-truktion* und sogar *Konst-ruktion* möglich wären,
wie Bertelsmann korrekterweise vermerkt (ebenso bei *Obst-
ruktion*, so seltsam es auch aussehen mag; vgl. auch *Lust-ration*
– in beiden Wörterbüchern ohne Warnung empfohlen). Duden
trennt nur *Sub-stanz, Sub-strat* usw., Bertelsmann auch *Substanz, Subs-trat*; keines der beiden Werke sieht jedoch *Subst-rat,
Subst-ruktion* usw. vor, obwohl dies nach § 112 ebenfalls zugelassen werden muß – sobald nämlich jemand die lateinische Bildeweise nicht mehr durchschaut. Der Duden kennt nur *Ab-
usus*, Bertelsmann auch *A-busus*. Duden trennt *A-nämie*, aber
An-algesie, obwohl in beiden Fällen das Negationspräfix *an-*
enthalten ist; Bertelsmann kennt außerdem noch die Trennung

A-nalgesie. Bertelsmann läßt nur noch *e-phemer* zu, Duden verweist auf die traditionelle Möglichkeit *eph-emer.*

Es ist übrigens bemerkenswert, daß die Wörterbücher dem Benutzer oftmals die Identifizierung verhältnismäßig bekannter Vorsilben wie *ab-* nicht zutrauen, sehr wohl aber die historisch korrekte Zerlegung durch Assimilation verschleierter Zusammensetzungen wie *Akklimatisation, Aggression, Agglomeration* usw., die nach Duden und Bertelsmann ausschließlich zwischen den beiden *k* bzw. *g* getrennt werden, obwohl es keine Regel gibt, die einer Trennung nach dem Doppelkonsonantenbuchstaben im Wege steht.

Dies sind nur wenige Beispiele von Tausenden. Es ist klar, daß eine solche Praxis zu außerordentlich vielen Streitereien führen wird.

Für die Schule sind damit beide Wörterbücher unbrauchbar, denn zum Beispiel zu Korrekturzwecken braucht der Lehrer verläßliche Auskunft über alle Trennmöglichkeiten, – es sei denn, die Worttrennung wird überhaupt aus dem Unterricht herausgenommen und den PC-Programmen überlassen, die es auch jetzt schon weit besser können als die meisten Menschen. Da es sich beim Silbentrennen um etwas verhältnismäßig Geistloses handelt, wäre dieser Schritt zu begrüßen.

Aber es gibt auch Abweichungen und Fehler, besonders bei der Getrennt- und Zusammenschreibung, die nicht auf Willkür oder Schlamperei der Wörterbuchmacher beruhen, sondern auf undeutlichen oder widersprüchlichen Formulierungen der amtlichen Regeln. Der Leiter der Dudenredaktion hat mit Recht die Unklarheit des Regelwerks beklagt. Die deutschen Kultusminister behaupten zwar (zuletzt wieder anläßlich ihrer Konferenz Ende Februar 1997 in Bonn), das neue Regelwerk sei „übersichtlicher" und „systematischer" geworden, aber diesen Eindruck dürfte niemand teilen, der sich wirklich damit beschäftigt hat.

Will man einen Tag *frei haben*, muß man sich an Bertelsmann halten; nach Duden kann man nur *freihaben*. Dann kann man *blau machen* (Bertelsmann) oder *blaumachen* (Duden). Duden kennt *weitgehend* und *weit gehend*, erkennt daher auch *weiter gehende* und *weitgehendere* Forderungen an, während Bertelsmann nur noch *weit gehend* (mit zwei Akzenten!), *weiter gehend* und *weitestgehend* zulassen will und die Steigerung *weitgehender, weitgehendst* als „ugs., aber nicht korrekt" bezeichnet. (Eine solche Auskunft gehört, abgesehen von ihrer sachlichen Fragwürdigkeit, überhaupt nicht in ein Rechtschreibwörterbuch.)

Nach Bertelsmann wird *warm halten* getrennt geschrieben, wenn es wörtlich zu verstehen ist: Suppe *warm halten*. Im übertragenen Sinn ist es zusammenzuschreiben: *sich jemanden warmhalten*. Das war auch die alte Regelung, möglicherweise keine sehr gute. Sie stützt sich ausdrücklich auf die Erweiterbarkeit/Steigerbarkeit im Fall der warm gehaltenen Suppe. Duden setzt für beide Fälle Getrenntschreibung an.

Nach Bertelsmann heißt es *hierhergehörig, immerwährend*, nach Duden *hierher gehörig, immer während*. Dem *Guckindieluft* von Duden steht der *Guck-in-die-Luft* von Bertelsmann gegenüber.

Bertelsmann hat *hochbegabt, hochgestellte Persönlichkeiten, hochgewachsen, hochachten/schätzen*; Duden dagegen *hoch begabt, hoch gestellte Persönlichkeiten* (aber: *hochgestellte Indizes*), *hoch gewachsen, hoch achten/schätzen*. Aus dem gewohnten *alleinseligmachend* wird bei Duden *allein selig machend*, bei Bertelsmann *allein seligmachend*.

Das amtliche Wörterverzeichnis löst das Wort *wieviel* rigoros auf (während es für *so viel* und *soviel*, je nach Funktion, immerhin eine Unterscheidungsmöglichkeit vorsieht). In diesem Punkt bleibt also den Wörterbüchern kein Spielraum, sie kennen nur noch *wie viel*, und der Duden leugnet zugleich, jemals etwas von einem „Interrogativadverb" gewußt zu haben, das doch in den bisherigen Auflagen nicht ganz ohne Grund verzeichnet gewesen sein dürfte. Wie steht es aber mit den Weiterbildungen? Duden gibt an: *wievielerlei, wievielmal, der wievielte*; Bertelsmann kennt nur noch *wie vielerlei, wie vielmal* und hat bei *wievielte* eine Lücke. Es ist nicht möglich, diese Abweichungen mit Hilfe des Regelwerks aufzuklären. (Über die sachliche Fragwürdigkeit der Neuregelung soll an dieser Stelle nichts weiter gesagt werden.)

Ich breche hier ab; die Abweichungen sind so zahlreich, daß nicht einmal ein repräsentativer Ausschnitt vorgeführt werden kann. Hinzu kommt, daß das Bertelsmann-Wörterbuch in einer unbekannten Zahl von nicht gekennzeichneten veränderten Nachdrucken vorliegt, zwischen denen es mittlerweile ebenfalls Hunderte von Abweichungen gibt.

Die Wörterbücher müßten eigentlich das Wörterverzeichnis als integralen Teil des Regelwerks vollständig übernehmen. Das ist aber nicht der Fall. Während das Verzeichnis die Varianten *Aronstab* und *Aronsstab* kennt, nennen die Wörterbücher nur das erste. Die Hunderasse *Hovawart* ist nur bei Duden verzeichnet, ebenso der *Skink, ansträngen* und die *Scheurebe*. Die Wörterbücher kennen andererseits auch *Yamswurzel*, das Verzeichnis nur *Jamswurzel*.

Im Wörterverzeichnis wird neben *Eurhythmie* auch *Eurythmie* angeführt, jedoch ohne den Hinweis, daß es sich hier um eine persönliche Schreibweise Rudolf Steiners handelt, dem ein Teil der anthroposophischen Bewegung darin gefolgt ist. Bertelsmann mißversteht die Angabe infolgedessen und markiert *Eurythmie* als neu zugelassene Schreibweise von *Eurhythmie*, auch im Sinne des medizinischen Fachausdrucks. Da jedoch gegenüber dem Entwurf von 1995 die Schreibung *Rytmus* wieder rückgängig gemacht worden ist, hat ein solcher Eintrag keine Berechtigung. Dies übersieht auch Zabel (1996: 387), um in seiner Bertelsmann-Begeisterung dem Duden daraus einen Vorwurf machen zu können, daß dieser die Tatsachen richtig dargestellt. Duden führt auch die österreichische Schreibweise *Gulyás* an, wie sie im Verzeichnis steht; Bertelsmann hat nur *Gulasch*. Das Wörterverzeichnis kennt nur *brenzlich*. Beide Wörterbücher kennen aber, wie seit je üblich, *brenzlich* nur als österreichische Nebenform von *brenzlig*.

Die Wörterbücher, von denen wir hier nur zwei ein wenig näher in Augenschein genommen haben, dokumentieren also auf ihre Art, was sich nicht länger wegdisputieren läßt: Die einheitliche deutsche Rechtschreibung ist dahin.

Zwischenbilanz

Fetisch „Fehlervermeidung"

Von den Hauptforderungen, mit denen die neuere Reformbewegung vor einem Vierteljahrhundert angetreten war, ist in der Neuregelung fast nichts mehr zu finden. Die Kleinschreibung ist seit langem vom Tisch; an ihre Stelle ist sogar vermehrte Großschreibung getreten, mit der unliebsamen Folge der Vermehrung von Scheinsubstantiven. Die Schwierigkeit der *das/ daß*-Unterscheidung ist genau dieselbe wie seit je, und das läßt sich auch nicht ändern, wenn man die Interessen des Lesers nicht ganz verraten will. Groß- und Kleinschreibung sowie Getrennt- und Zusammenschreibung bleiben so unsicher wie eh und je, nicht zuletzt durch Beliebigkeitsklauseln, die an die Stelle allzufein gesponnener Regeln des alten Duden getreten sind. Eine schlüssige Lösung dieser Probleme wurde nicht gefunden, und vielleicht ist sie auf diesem Wege, der alle Einzelfälle abschließend regeln will, überhaupt nicht erreichbar. Statt dessen enthält das Reformwerk allerlei Firlefanz in Randbereichen, vor allem die mehr oder weniger lächerlichen Volksetymologien, die das Steckenpferd eines einzigen Reformers waren, nun aber einer Sprachgemeinschaft von neunzig Millionen Menschen aufgenötigt werden.

Die Neuregelung leidet darüber hinaus an einer Reihe von Widersprüchen, die selbst von Mitgliedern des Internationalen Arbeitskreises mehr oder weniger harsch kritisiert werden. Nach Horst H. Munske

„spricht einiges dafür, den Beobachtern der Neuregelung der deutschen Orthographie verständlich zu machen, wie sich einige Widersprüche der neuen Groß- und Kleinschreibung erklären bzw. daß diese Widersprüche eben Mängel der Neuregelung sind. Hierauf werden die Benutzer der neuen deutschen Rechtschreibung unweigerlich stoßen, weil es sich in allen Fällen um Abweichungen von der geltenden Norm handelt."[88]

Und dieses deutliche Urteil bezieht sich ausdrücklich nicht nur auf die Groß- und Kleinschreibung, sondern auf „grundsätzliche Entscheidungen zur Weiterentwicklung orthographischer Normen".

In ihrer Dresdner Erklärung haben die Kultusminister behauptet:

„Kein einziges deutsches Wort geht durch die Neuregelung der Rechtschreibung verloren."

Wie die vorliegende Schrift zeigt, ist das Gegenteil wahr: Die Reform macht an verschiedenen Stellen der Sprache den Versuch, ganze Reihen von Wörtern aus dem Verkehr zu ziehen, vor allem indem sie gewisse Komposita durch Wortgruppen glaubt ersetzen zu können, mit denen sie keineswegs gleichbedeutend sind. Auch durch erzwungene Großschreibung werden Wörter beseitigt. Das geht über die Normierung von bloßen Schreibweisen weit hinaus. Darüber hinaus werden wichtige, z. T. auch hörbare Unterscheidungen wie *aneinander hängen* und *aneinanderhängen* beseitigt, stets im Namen der Fehlervermeidung und ohne einen Gedanken an die Bedürfnisse des Lesers. In der zugehörigen didaktischen Literatur stößt man immer wieder auf die bezeichnende Wendung „Früher mußte man unterscheiden ..." Das bedeutet in jedem Falle auch „Früher **konnte** man unterscheiden (und jetzt kann man es nicht mehr)". Der vermeintliche Gewinn erweist sich als wirklicher Verlust.

Nicht richtig bedacht worden ist bisher, daß dieselbe fatale Wirkung durch eine scheinbar entgegengesetzte Tendenz der Reform erreicht wird, nämlich durch das Geltenlassen oder gar die Neueinführung funktionsloser Varianten: *so dass* und *sodass*, *das oben Erwähnte* und *das Obenerwähnte*, *aufs schönste* und *aufs Schönste, Nummer Sicher* und *Nummer sicher* usw., ganz zu schweigen von der neuen Kommasetzung. Die Zulassung von Varianten wird als „liberal" und als „Gewinn an Freiheit" gerühmt. Aber wenn es keine Kriterien gibt, wonach im gegebenen Fall die eine Variante besser ist als die andere, dann herrscht nicht Freiheit, sondern Beliebigkeit und neue Unsicherheit. Die ungeheure Fülle von funktionslosen Varianten, ein Hauptmerkmal der neuen Rechtschreibung, verstößt gegen ein subtiles Gesetz der Sprache, das man nach seinem Entdecker, einem Semantiker des 19. Jahrhunderts, „Bréalsches Verteilungsgesetz" nennt und ohne das man auch die Sprachgeschichte, vor allem die Ausdifferenzierung sogenannter Synonyme, nicht verstehen kann. Dieses Gesetz besagt: Wo mehrere verschiedene Formen existieren, erwartet der Hörer oder Leser, daß sie auch Verschiedenes bedeuten. Diese Erwartung wird von der reformierten Rechtschreibung an vielen Stellen enttäuscht.

Es ist auch behauptet worden, Varianten seien notwendig, wenn die Sprache für künftige Entwicklungen offen bleiben soll. Das mag für die Fremdwortschreibung zutreffen, aber welcher Entwicklungstendenz kommt die Schreibung *aufs Schönste* entgegen? In Wirklichkeit steht hinter diesen Varianten nur die Unfähigkeit der Reformer, eindeutige Unterscheidungskriterien herauszufinden. Beliebigkeit schafft neuen Regelungsbedarf bei den Sprachteilhabern selbst. Auf diesem Wege, als Antwort auf Hunderttausende von Anfragen, sind ja die unendlich verfeinerten Festsetzungen der alten Dudenorthographie zustande gekommen. So wird es auch diesmal geschehen, jedoch von einer wesentlich ungünstigeren, weil fehlerhaften Ausgangsbasis aus.

Die Zulassung von Varianten wird auch als Erleichterung für den Schreiblerner dargestellt. Das ist jedoch ein Irrtum, denn man kann unmöglich wissen, in welchen Bereichen es Varianten gibt und in welchen nicht. Dadurch erhöht sich der Lernaufwand, statt sich zu verringern. *So dass* oder *sodass*, *zugrunde* oder *zu Grunde*, *aufwendig* oder *aufwändig* – das kann man nun schreiben, wie man will. Aber *zuliebe* darf man keineswegs *zu Liebe* schreiben und *umso* nur noch zusammen. Daß die Reformer bei ihren eigenen historisierenden und volksetymologischen Erfindungen (*Stängel*, *Zierrat*) keinen Pardon geben, haben wir bereits gesehen.

Das Verhältnis der Reformer zu variierenden Schreibweisen ist überhaupt widersprüchlich. Einerseits sprechen sie von „Unsicherheiten", die es zu beseitigen gelte, so etwa der schwankende Gebrauch, der stets von der Zusammenschreibung gemacht wurde; andererseits feiern sie bestehende oder sogar neu eingeführte Varianten als „Freiheiten" des Schreibenden.

Sehr bezeichnend ist folgende Bemerkung in einem neuen Wörterbuch, das der Lebensmittelfilialist Aldi vertrieb: „Hier sieht die neue Rechtschreibung Doppelschreibungen vor. Damit ist eine Fehlerquelle beseitigt."[89] Durchaus im Geiste der Reformer wird hier dokumentiert, daß die Reform einseitig auf das pädagogische Ziel der Fehlervermeidung gerichtet ist und nicht darauf, die Rechtschreibung als Instrument zur Lösung kommunikativer Aufgaben zu verbessern. Statt die Rechtschreib**didaktik** auf eine andere Bewertung gewisser Fehler einzuschwören, manipuliert man die Rechtschreibordnung selbst und verdirbt sie damit auch für denjenigen, der die betreffenden Fehler nicht zu fürchten braucht. Man stelle sich einen Notentext vor, der von vornherein alle jene Mißtöne enthält, die zu ahnden normalerweise dem Musiklehrer oder dem Publikum obliegt!

Sowohl durch die Zulassung oder gar Einführung funktionsloser Varianten als auch durch die Beseitigung von leserfreundlichen Unterscheidungen stellt sich die Reform gegen die seit Jahrhunderten feststellbare Tendenz unserer Rechtschreibung, dem Leser und nicht dem Schreiber entgegenzukommen. Die Reform huldigt, wie vor 25 Jahren, als der entscheidende Impuls der neueren Reformbewegung einsetzte, dem Fetisch der „Fehlervermeidung" und stellt sich damit auf einen unreifen, schülerhaften Standpunkt, der nur darum auf den ersten Blick einleuchtet, weil wir ja alle mehr oder weniger unwillig durch die Plage des Rechtschreibunterrichts gegangen sind.

Vereinfachung – eine Legende

Dabei sind Berichte über Fehlervermeidung durch die Neuregelung mit größter Skepsis zu betrachten. Der Gymnasiallehrer Wolfgang Illauer hat sämtliche Rechtschreibfehler aus 31 Aufsätzen einer 6. Klasse gesammelt und dabei festgestellt, daß weniger Fehler durch die neue Rechtschreibung hätten vermieden werden können, als neue durch sie hinzugekommen wären. Andere Lehrer machen ähnliche Erfahrungen.

Einige Kultusministerien verbreiten die Behauptung, daß die Zahl der Rechtschreibfehler bei **Diktaten** sich durch die Reform verringert habe. Reichert man Diktat-Texte mit neuralgischen Punkten der alten Rechtschreibung an, so wird man die gewünschten Ergebnisse erzielen. Wenn die Trennmöglichkeiten erweitert werden, steigt automatisch die Trefferquote. Kommafehler zu machen ist nahezu unmöglich, wenn Kommas ebensogut stehen wie fehlen können. Das hat viel mit Mathematik, aber nichts mit der Qualität der neuen Rechtschreibung zu tun. Sagt man den Schülern: „Schreibt wie ihr wollt!" – dann machen sie schließlich überhaupt keine Fehler mehr.

Besonders töricht ist das Argument, die Schüler bekämen mit der neuen Rechtschreibung bessere Noten:

„Ein Probediktat im letzten Schuljahr bei 700 bayerischen Schülern, die nicht über den Zusammenhang mit der neuen Rechtschreibung informiert waren, wurde doppelt korrigiert: einmal nach den neuen, einmal nach den alten Regeln. Das Ergebnis: eine um einen Grad bessere Durchschnittsnote bei der Korrektur nach den neuen Regeln."[90]

Wenn man die Leistungsanforderungen herabsetzt, ohne den Bewertungsmaßstab anzupassen, dann errechnet man natürlich „bessere Noten", obwohl die Schülerleistungen in Wirklichkeit kein bißchen besser geworden sind. Auf dieselbe Weise ließe sich erreichen, daß alle Schüler nur noch Einsen schreiben.

Das Probediktat, auf das sich die sensationelle Meldung und zahlreiche Verlautbarungen des bayerischen Kultusministeriums beziehen, ist nie veröffentlicht worden.[91] Es ist von dem Reformer Burkhard Schaeder verfaßt und hat folgenden Wortlaut:

Ein Alptraum.
Gestern nacht hatte ich einen schrecklichen Traum. Nach den Schularbeiten wollte ich radfahren, als plötzlich ein Riese vor mir im Zimmer stand. Er stellte zehn Becher Joghurt

vor mir auf den Tisch und forderte mich auf, sie zu essen. Anschließend sollte ich die Becher numerieren und aufeinanderstapeln. Kaum hatte ich den ersten Becher ausgelöffelt, da standen zwanzig neue auf dem Tisch. Und so ging es weiter, bis das ganze Zimmer mit Joghurtbechern angefüllt war. Ich schrie vor Angst und wachte auf. Vor mir stand meine Mutter, beruhigte mich und meinte, daß es das beste wäre, diesen Traum schnell zu vergessen.

Anstelle der bunten Fülle wirklicher Fehler, wie sie in echten Schülertexten (z. B. Aufsätzen) vorkommen, hat Schaeder hier ein paar derjenigen Stolpersteine ausgewählt, deren Fehlschreibung nach der geplanten Neuregelung keine mehr sein soll: *Alptraum* (*Alptraum/Albtraum*), *gestern nacht* (*Nacht*), *radfahren* (*Rad fahren*), *Joghurt* (*Jogurt, Joghurt*), *numerieren* (*nummerieren*), *aufeinanderstapeln* (*aufeinander stapeln*), *das beste* (*das Beste*) sowie zwei erweiterte Infinitive mit einem Komma, das künftig wegfallen kann. Auf diesem methodisch völlig indiskutablen Wege läßt sich leicht erreichen, daß die Fehlerquote drastisch sinkt. Zur sofort erkennbaren methodischen Unzulässigkeit kommt noch folgendes hinzu: Bei *gestern nacht* besteht natürlich eine gewisse Neigung, *Nacht* groß zu schreiben und damit – auch ohne eigentliche Kenntnis irgendeiner Regel – der geplanten Neuregelung gerecht zu werden. Zur Kontrolle hätte man eine Fügung wie *Sonntag nacht* einfügen müssen, wo derselbe Mechanismus zu einer Schreibung geführt hätte, die auch nach der Neuregelung falsch wäre: *Sonntag Nacht* statt *Sonntagnacht*. Schaeder selbst hat den Diktattest ausgewertet und dabei gefunden, daß in einer achten Klasse insgesamt 124 Fehler gemacht wurden, von denen nach einer Reform 43 übriggeblieben wären. Natürlich schreiben die 14jährigen *das beste* und *nacht* überwiegend groß und *numerieren* mit zwei *m* – etwas anderes ist nicht zu erwarten, bevor sie mehr Leseerfahrung oder einen besseren Unterricht genossen haben.

Übrigens zählt Schaeder auch noch falsch, da er die Bindestrich-Schreibung *Joghurt-Becher* als Fehler wertet; die alte Dudenregel R 33 („Zusammengesetzte Wörter werden **gewöhnlich** ohne Bindestrich geschrieben") läßt einen solchen Bindestrich durchaus zu. Auch wüßte man gern, wie die Gefüge *radfahren* und *aufeinanderstapeln* diktiert worden sind; dasselbe gilt für die Kommas. Daß nicht weniger als 13 von 22 Schülern in diesem Kontext *Radfahren* geschrieben haben, ist sonderbar. Im übrigen bin ich der Meinung, daß *Rad fahren* kein Fehler ist. Die Dudenregel R 207 bestimmt: „Man schreibt ein Substantiv mit einem Verb zusammen, wenn das **Substantiv verblaßt** ist und die Vorstellung der Tätigkeit vorherrscht." Damit ist *radfahren* zulässig, *Rad fahren* aber nicht unzulässig, denn dies läßt sich jederzeit frei konstruieren, „unverblaßt" sozusagen. Im Wörterbuch braucht es nicht zu stehen; *Fahrrad fahren* steht ja auch nicht drin. Ähnlich könnte man *aufeinander stapeln* nicht als Fehler, sondern als Nichtanwendung einer in R 205 angegebenen **Möglichkeit** betrachten.[92] Schaeder jedoch bilanziert allein aufgrund dieser beiden Fälle, daß sich durch die Neuregelung die Fehlerzahl im Bereich Getrennt- und Zusammenschreibung von 14 auf 0 reduziere! Eine Fehlerverminderung um 100% läßt natürlich jeden Kritiker verstummen und übertrifft selbst die kühnsten Träume der Reformer. – Daß aus einem solchen „Test" ernsthafte rechtschreibdidaktische Folgerungen gezogen werden konnten, läßt die Qualifikation mancher Pädagogen und Kulturpolitiker in einem trüben Licht erscheinen.

Ende Februar 1997 äußerte der Vorsitzende der Kultusministerkonferenz, durch die Rechtschreibreform würden wir „neunzig Prozent unserer Probleme" los. Dazu fällt dem Ohrenzeugen nichts mehr ein.

Die Rechtschreibprobleme können sich auch deshalb nicht wesentlich vermindern, weil die Neuschreibungen nicht auf empirischen Fehleranalysen beruhen. An den wohlbekannten

Schwierigkeiten (*verwandt, Verlies, Brillant, Gebaren* usw.), die Schülern und sogar Erwachsenen Kummer machen, ändert sich ja in den meisten Fällen gar nichts.

Gegen eine Reform, die so wenig ändert und dies auch noch auf eine so ungeschickte und fehlerhafte Art, ist nicht zuletzt einzuwenden, daß sie jede wirkliche Reform der Rechtschreibung auf Jahrzehnte unmöglich macht. Denn angesichts der ungeheuren Kosten und des gesamten Aufwandes, den wir gegenwärtig beobachten, nimmt doch wohl niemand an, daß in absehbarer Zeit noch einmal ein entsprechender Auftrag erteilt werden könnte.

Natürlich fragt man sich, warum die Reform rein fachlich von so geringer Qualität ist, obwohl doch zumindest die beteiligten Sprachwissenschaftler zu den besten Kennern der Orthographie gehören und auch reichlich Zeit hatten. Man darf aber nicht vergessen, daß die Meinungen unter den Reformern sehr geteilt waren: Der eine wollte die Kleinschreibung der Substantive, der andere eine viel weiter gehende Eindeutschung der Fremdwörter, der dritte wollte die Unterscheidung zwischen *das* und *daß* ganz abschaffen usw. Es war eben so, wie jenes Schweizer Mitglied des Arbeitskreises formulierte: Viele Köche verderben den Brei. Und was die Zeit betrifft, so mußten die Reformer auf Geheiß ihrer Auftraggeber mehrfach umdisponieren, so daß mancher Teilbereich dann doch mit heißer Nadel zusammengeflickt worden sein mag.

Das also ist die Reform. Wir haben uns nur Teile davon genauer ansehen können, aber die Auswahl kann nicht als unfair bezeichnet werden. Natürlich haben sich unsere Betrachtungen auf die Neuregelungen konzentriert, denn wo sich nichts ändert, findet auch keine Reform statt und ist keine kritische Prüfung erforderlich. Die ausgewählten Teile sind aber von den Reformern als Prunkstücke präsentiert worden, und darauf mußten wir eingehen.

Ich denke, daß jeder unbefangene Beobachter und Betroffene dem Urteil zustimmen kann, diese Reform müsse zumindest nachgebessert werden, bevor an ihre Verwirklichung in den Schulen und im sonstigen Sprachleben gedacht werden kann. Ob aber eine solche Reparatur überhaupt möglich ist, muß sich erst noch zeigen. Es könnte sein, daß mit der grundsätzlichen Orientierung etwas nicht stimmt. Auch sind weitreichende Kriterien (z. B. die Erweiter- und Steigerbarkeit, die entscheidende Bedeutung der Adjektivendungen *-ig, -lich* und *-isch*) eingeführt worden, die als sachfremd wieder ausgeschieden werden müssen, was nicht ohne durchgreifende Folgen bleiben dürfte. Daß die punktuell eingeführten etymologischen Schreibungen und erst recht die „Etymogeleien" wieder entfernt werden müssen, versteht sich von selbst.

Über die Kritikwürdigkeit des Reformwerkes selbst hinaus stehen einander aber heute die Reformlobby, d. h. die Betreiber und Befürworter der Reform zusammen mit anderen, die daran Geld verdienen, und auf der anderen Seite die Betroffenen gegenüber, denen die Reform aufgenötigt werden soll. Hier geht es auch um einen Machtkampf. Deshalb müssen wir uns nun noch einmal den Methoden der Durchsetzung zuwenden.

Die Durchsetzung der Reform

Die Unabwendbarkeit des Unverbindlichen

Von „Durchsetzung" war bezeichnenderweise von Anfang an sehr oft die Rede; mit Widerstand wurde also gerechnet. Die Schöpfer der Reform, die ausnahmslos auch die Reform **wollten**, hatten einen Zweifrontenkampf zu führen. Die Kultusbürokratie der beteiligten Länder wurde durch intensive Einbeziehung der Ministerbeauftragten gewonnen. Ein Kultusminister kann schlecht zurückweisen, was sein Ministerialrat für gut befunden und mitbeschlossen hat. Auch zeichnet sich inzwischen immer deutlicher ab, daß mancher Kultusminister, dem ja das genaue Studium des Regelwerks nicht persönlich zugemutet werden kann, von seinen Fachbeamten falsch informiert worden ist.

Gleich nach den Wiener Beschlüssen vom November 1994 wurde zusammen mit den spärlichen Mitteilungen über den Inhalt der neuen Regelung die Parole ausgegeben, es sei nun keine Zeit mehr zu verlieren. Als die offizielle Fassung der Regeln und des Wörterverzeichnisses im Sommer 1995 erschien, bemerkten Kritiker sogleich eine Fülle von Fehlern und Nachlässigkeiten. Außerdem kam es bald zu dem schon erwähnten Eingriff, die Fremdworteindeutschung, also den harmlosesten, aber auffälligsten Teil, wieder halb zurückzunehmen. Die wahren Gründe dieses Eingriffs werden vielleicht nie aufgeklärt werden, jedenfalls verstärkte er die Verwirrung, nachdem schon in den Jahren zuvor kaum noch jemand den jeweiligen Stand der Dinge hatte überblicken können. Den Reformern selbst ging es nicht anders. (In jener offiziellen Publikation waren zum Beispiel *groß*- und *kleinschreiben* ständig getrennt geschrieben, obwohl sie doch nach dem neuen Regelwerk zusammengeschrieben werden müssen; diesen Fehler hatte offenbar im Eifer des ständigen Änderns niemand bemerkt.) Schon vorher hatte die mitverschworene „Gesellschaft für deutsche Sprache" in einer Presseerklärung verlangt, man möge nicht mehr inhaltlich über die Reform diskutieren, sonst würden Termine nicht eingehalten werden und die Partnerstaaten nicht mehr mitmachen. Dieser eingebildete und künstlich erzeugte Druck von Terminen und politisch-juristischen Zwängen spielt bis heute eine große Rolle. Man denke nur daran, daß eine Verfassungsklage gegen die Reform abgewiesen wurde, weil sie „zu früh" kam: Der Kläger war noch nicht betroffen, weil das Gymnasium seiner Tochter die Neuregelung noch nicht praktizierte. Einige Wochen später wurde die Kritik der Verleger, Schriftsteller usw. mit Hohn und Spott übergossen, weil sie „zu spät" kam. Als die Schulen einiger Bundesländer die Neuregelung dann tatsächlich eingeführt hatten, war es selbstverständlich für einen Reformstopp erst recht „zu spät". Die Strategie der Kultusminister, schon lange vor dem Inkrafttreten der Reform vollendete Tatsachen zu schaffen und dann mit dem Hinweis auf ebendiese Tatsachen die Unabänderlichkeit der Reform zu begründen, hatte Erfolg.

Sogar der Reformkritiker Peter Eisenberg schrieb im Januar 1996 in einer Broschüre, mit der er den Lehrern die Einführung der neuen, noch lange nicht gültigen Rechtschreibung erleichtern wollte (womit er sie natürlich zugleich rechtfertigte):

> „Die Orthographiereform ist beschlossene Sache, der Streit um das Für und Wider einzelner Regelungen hat vorerst ein Ende. Es kommt jetzt darauf an, den Übergang auf die neue Orthographie im Alltag des Schreibens zu sichern, ihn so unaufwendig wie irgend möglich zu machen."[93]

Warum es „jetzt" darauf ankommt, wird nicht gesagt. Schluß der Debatte, bevor sie überhaupt richtig begonnen hat!

Zu keinem Zeitpunkt hatte die Bevölkerung die Möglichkeit, das Reformwerk auf einem rechtlich wirksamen Weg – also nicht nur in Leserbriefen und nutzlosen Eingaben – anzunehmen oder abzulehnen; die Parlamente wurden nicht damit befaßt. Heutige Umfragen ergeben eine Ablehnungsquote von 70 bis weit über 90 Prozent. Dennoch wird versucht, die Reform durchzusetzen.

Daß die Beschlüsse der beteiligten Regierungen schließlich in die Form einer „Absichtserklärung" gefaßt wurden, ist zweifellos von tieferer Bedeutung und wirkt sich u. a. folgendermaßen aus: Anfang Oktober 1996 gab das Auswärtige Amt (das die Absichtserklärung mitgestaltet, aber nicht unterzeichnet hat) bekannt, diese Erklärung habe zwar keine völkerrechtliche Verbindlichkeit, sei jedoch mit einer „praktischen politischen Bindungswirkung" ausgestattet. So ähnlich hatte es auch schon die gastgebende österreichische Kultusministerin bei der Unterzeichnung gesagt:

> „Die Absichtserklärung ist kein völkerrechtlicher Vertrag, sondern eine politische Absichtserklärung maßgeblicher Repräsentanten von Staaten, die sich in ihrem Wirkungskreis für die Umsetzung des Regelwerkes einsetzen."

Gerade aus dieser Ansiedlung in einem rechtlichen Niemandsland ergibt sich nach Ansicht einiger Politiker, daß die Neuregelung nicht mehr gestoppt werden kann. Die Kultusminister haben das in ihrer Dresdner Erklärung noch mit einem moralisierenden Heiligenschein gekrönt:

> „Die Kultusministerkonferenz steht nach jahrelangem demokratischem Diskussionsprozeß" (man beachte die wolkige Formulierung!) „zu dieser Gemeinsamen Erklärung und sieht keine Veranlassung, sich davon zu distanzieren und bei den anderen deutschsprachigen Staaten wortbrüchig zu werden."

Sind das die Kategorien, in denen politische Angelegenheiten und Verwaltungsakte behandelt zu werden pflegen?

Zum selben Zeitpunkt übrigens, als der stellvertretende Leiter der Konferenz, der niedersächsische Kultusminister und designierte Vorsitzende der KMK, die These vortrug, die Reform sei wegen der (angeblich!) eingegangenen internationalen Verträge nicht mehr zu stoppen, forderte der Ministerpräsident seines Landes energisch den Aufschub der Europäischen Währungsunion – als sei diese durch internationale Verträge weniger festgezurrt als die Rechtschreibreform!

Umgekehrt bezog sich das Bundesverfassungsgericht, als es die erwähnte Klage zurückwies, gerade auf diese völkerrechtliche Unverbindlichkeit und das Fehlen einer unmittelbaren Auswirkung auf den Schulunterricht. Daraus folgt, pointiert gesagt: Wäre die Rechtschreibreform verbindlicher, könnte man etwas dagegen unternehmen. Da sie aber unverbindlich ist, ist sie unabwendbar.

Sprachwächter, selbst ernannt

Ist die demokratische und rechtsstaatliche Legitimation der Reform zweifelhaft, so ist es die Einrichtung einer ständigen zwischenstaatlichen Kommission zur Beobachtung und Lenkung der künftigen Entwicklung nicht minder. Schon jetzt gehen die Reformer teilweise über die Regelung der Rechtschreibung hinaus. Die Gefahr liegt nahe, daß die neue Kommission – die am Institut für deutsche Sprache angesiedelt ist, wo man sprachkritischen Ambitionen auch bisher schon nicht gänzlich abgeschworen hat – zu einem allgemeinen Sprachamt wird. In ihrem Handbuch schreiben die Reformer Gallmann und Sitta: „Wenn man eine bestimmte Variante fördern möchte, nimmt man sie ins Rechtschreibwörterbuch auf ..." – Wer ist „man"? Auch konnte das Schlagwort von der „gezielten Variantenführung" stutzig machen: Wer „zielt" da eigentlich, wer „führt"? In seiner Regierungserklärung zur Rechtschreibreform drückte der bayerische Kultusminister seine Sympathie für eine Art Sprachwächteramt aus, das dem „Wildwuchs" unserer Sprache entgegenwirken könnte. Als Beispiel führte er die „bedenkenlose Übernahme von weder korrekt sprech- noch deklinierbaren Wortungetümen wie ‚stylen', ‚designen' oder ‚recyclen'" an. Nun, das klingt ebenso harmlos wie unnötig, denn eine Sprachgemeinschaft wird auf die Dauer keine Wortungetüme aufnehmen, die sie weder aussprechen noch deklinieren kann, oder sie wird Mittel und Wege finden, eben dies zu tun. Aber etwas befremdlich hört sich doch die abschließende Empfehlung des Ministers an:

„Auch hier soll die Kommission für die deutsche Rechtschreibung etwas bewirken. Ein bloßes Zur-Kenntnis-Nehmen des Sprachmülls, der in den letzten Jahren bei uns abgeladen wurde, scheint mir jedenfalls nicht der richtige Weg zu sein."

Hier geht offenbar zweierlei durcheinander. Soll die Rechtschreibkommission Aussprache- und Beugungsmöglichkeiten für neue Fremdwörter finden? Das wäre für eine Rechtschreibkommission schon mehr, als ihres Amtes ist. Oder soll sie gar den „Sprachmüll", also doch wohl die Fremdwörter selbst, bekämpfen, etwa durch eine Liste auszusondernder Wörter? Sind Zwangsmaßnahmen gegen die Benutzer von Fremdwörtern geplant? Man erinnere sich an die gemeinsam beschlossene Ausschließung von Kraftausdrücken und unanständigen Wörtern. Das eigentlich Bedenkliche ist die Zukunftsaussicht: Wenn jene Kommission beschließen sollte, sexistische, rassistische und andere politisch unkorrekte Wörter, also die vielgeschmähten „Unwörter", zu bannen – wer könnte es wagen, sich dagegenzustemmen? Unschöne, aber doch allgemein bekannte Wörter wie *Tippse* und *Emanze* sucht man im Bertelsmann schon jetzt vergebens. (Manche Wörterbücher schwelgen auch in Warnungen vor dem Wort *Zigeuner*, vgl. etwa Duden und besonders Bünting, wo die demonstrative Gutheit der Verfasser enzyklopädisch ausufert.)

Ist unsere Besorgnis übertrieben? Man erinnere sich jener Absicht, gewissen Entwicklungstendenzen unserer Sprache „entgegenzuwirken". Sogar die Gesellschaft für deutsche Sprache hatte sich immerhin einmal hinter den Wunsch der Refor-

mer gestellt, der Tendenz zur Zusammenschreibung „entgegenzuwirken"[94], bevor sie anläßlich der Anhörung in Bad Godes-
berg vernünftigerweise eine Begründung dafür verlangte, daß
die Reformer einer „prägenden Tendenz" des Deutschen entgegenwirken wollen.[95] In einem neueren Buch zur reformierten
Rechtschreibung wird ebenso einfach wie treffend festgestellt:

> „Hier stoppt die Rechtschreibreform den Trend zur Zusam-
> menschreibung (...)".[96]
> „Hier wird ein ehemaliger (?) Trend zur Kleinschreibung in
> festen Wendungen gestoppt."[97]

Man darf wohl fragen: Wer sind die Herren eigentlich, daß
sie sich einbilden, eine offenbar von der Sprachgemeinschaft
selbst vorgenommene Anpassung der Sprache an bestimmte
Ausdrucksbedürfnisse „stoppen" zu sollen? Gehört die Sprache
denen, die sie benutzen, oder einer sich selbst gern so nennenden „Expertengruppe"? (Sogar „Fachexperten"[98] wollen sie sein
– noch experter geht es nicht!)

Die Zwischenstaatliche Kommission geht übrigens auf einen
Vorschlag zurück, den die Reformer selbst am 25. 10. 1994 den
Kultusministern und dem Innenministerium unterbreitet haben.[99] Sie haben sich – um der „Kontinuität" willen – auch
gleich selber als Mitglieder für die erste Amtsperiode empfohlen, so daß das oft zu Unrecht verwendete Schmähwort *selbst-
ernannt* (künftig *selbst ernannt*) hier nicht ganz verfehlt zu sein
scheint.

Nach der Wiener Konferenz wurde ständig der „Konsens"
der Teilnehmer beschworen, als sei dies ein Gütesiegel für die
Qualität ihrer Arbeit. Grundsätzliche Einwände gegen die Reform wurden wenigstens nach außen hin in diesem Stadium
überhaupt nicht mehr erörtert. Der „Konsens" bestand wohl
hauptsächlich darin, daß alle Beteiligten die Reform wollten,
mochten auch noch so viele Abstriche notwendig sein. Der

konspirative Charakter dieses „Konsenses" war auch bei jenem GEW-Kongreß 1973 offenkundig gewesen, zu dem erklärtermaßen überhaupt nur „Reformwillige" sich eingefunden hatten. In jedem Falle kam das kritische Element zu kurz, und das stärkte zwar die Einheit, schadete aber der Qualität.

Daß die Reformwilligen untereinander aufs demokratischste abgestimmt haben, ist für die Betroffenen ohne jedes Interesse. Der Konsens der Täter ist nicht der Konsens der Opfer. Hierzu hat H. Strunk in ihrer Darstellung der frühen Reformbestrebungen bereits den passenden Kommentar geliefert:

> „In späteren Auseinandersetzungen, besonders in den öffentlichen Diskussionen, trifft man immer wieder auf diese Strategie, mit Abstimmungsergebnissen zu argumentieren, offensichtlich in der Absicht, hier besonders demokratische Vorgehensweisen zu dokumentieren." [100]

Im Geleitwort zu jenem Wörterbuch, das zuerst der Kaffeeröster Eduscho vertrieb, schreibt der Reformer Hermann Zabel, der Entwurf von 1992 sei „unter strenger Beachtung demokratischer Spielregeln begutachtet und diskutiert" worden. Damit kann nichts anderes gemeint sein, als daß die Rechtschreibreformer und die Politiker **untereinander** abgestimmt und Mehrheitsentscheidungen gefällt haben – eine minimalistische Auffassung von „Demokratie", mit der man sich nicht begnügen sollte. Wie Zabel sich ein demokratisches Verfahren vorstellt, läßt sich einem ganz eigenartigen Satz aus seinem neuesten Buch entnehmen:

> „Wie bereits dargestellt, war die von der Kultusministerkonferenz eingerichtete Arbeitsgruppe ‚Rechtschreibreform' seit den 1. Wiener Gesprächen zur Neuregelung der deutschen Rechtschreibung die Instanz, durch die der Prozess der politischen Legitimation in Deutschland begleitet und gesteuert wurde." [101]

Ein orthographischer Arbeitskreis, der den Prozeß der politischen Legitimation „steuert"! Ob Zabel da etwas ausplaudert, was die Öffentlichkeit eigentlich gar nicht erfahren sollte?

„Mafiaähnliche Zustände"

Zabel, der den Hauptteil der Propagandaarbeit übernommen hatte, berichtete im Anschluß an die Wiener Gespräche vom November 1994 den Daheimgebliebenen vom „österreichischen Charme" der Gastgeber; Wien sei „immer wieder eine Reise wert" usw. Daß im Internationalen Arbeitskreis hinter den Kulissen ein erbittertes Hauen und Stechen stattgefunden hatte („mafiaähnliche Zustände", schrieb mir ein Mitglied), erfuhr man nur durch private Mitteilungen, an denen allerdings seither kein Mangel herrscht.

Im gleichen Bericht empört sich Zabel auch darüber, daß der Dudenverlag eine (übrigens von einigen Mitreformern verfaßte) Broschüre „in einer unglaublichen Auflagenhöhe" herausgebracht habe, sie an Lehrer verschenke und bereits 11.000 Stück zum „Spottpreis von 5 DM" verkauft habe. So billig macht Zabel selbst es freilich nicht: Auf dem Rückumschlag des gleichen Sprachdienst-Heftes wird für sein eigenes Büchlein geworben: „Die neue deutsche Rechtschreibung", 12,90 DM. Unterdessen wartete die Öffentlichkeit immer noch auf Regelwerk und Wörterverzeichnis. (Letzteres lag auch bei der Anhörung 1993 nicht vor, wie besonders Peter Eisenberg und Hartmut Günther seinerzeit beklagten; man vergleiche auch den Rückblick von Christian Stetter[102].) Es erschien zwei Jahre später. Dabei enthält es Neuerungen, die aus dem Regelwerk nicht zu erahnen waren, z. B. die absonderliche Großschreibung in *er glaubt, Wunder was getan zu haben.*) – Die bereits erwähnte

Geschäftemacherei zahlreicher Reformer weist so deutlich auf den Nervus rerum (neuerdings *Nervus Rerum* ‚scherzh. für *Geld*‘ [Duden]), daß daraus für künftige Reformarbeiten nur die Konsequenz gezogen werden kann, den Kommissionsmitgliedern jegliche kommerzielle Verwertung ihrer Arbeit zu untersagen. Danach sieht es bisher aber nicht aus. In der Zwischenstaatlichen Kommission, die Ende März 1997 ihre Arbeit aufnahm, sitzen auch wieder einige jener Reformer, die aus geschäftlichen Gründen am Gelingen der „Durchsetzung" interessiert sein müssen.

Die Schweizer Reformer und Duden-Autoren Gallmann und Sitta erklären im Vorwort ihres Handbuchs:

> „In der Praxis wird die Neuregelung in der Schweiz (ebenso wie in Deutschland) vor allem durch den Rechtschreibduden vermittelt werden. Die Neuauflage des Duden auf der Grundlage der neuen Regelung ist Mitte 1996 erschienen. Damit sind an sich gute Voraussetzungen für das Schreiben nach der neuen Norm gegeben."

Es ist ungemein praktisch, den Geltungsanspruch von Verlagsprodukten, an denen man mitverdient (hier über das Duden-Taschenbuch), für das ganze eigene Land durchzusetzen und darüber hinaus auch für das Nachbarland mit seinem noch viel größeren Markt nahezulegen. Bei den Anhörungen im Jahre 1993 legte Sitta als 1. Vorsitzender des „Symposiums Deutschdidaktik e.V." ein Gutachten zu dem Regelwerk vor, an dem er als Mitglied des Internationalen Arbeitskreises selbst mitgearbeitet hatte. Kein Wunder, daß der Tenor dieses Gutachtens lautete: „. . . stimmt vollumfänglich zu".

Als auch der Duden zur Zielscheibe einiger, allerdings nur zu deutlich vom Konkurrenzdenken geprägter und inhaltlich weitgehend verfehlter Kritiken wurde, sahen sich die Schweizer Reformer zu einer Verteidigungsschrift veranlaßt. Diese schon mehrfach zitierte „Stellungnahme zu den Unruhen bezüglich der Umsetzung der neuen Rechtschreibregelung in Deutschland" hat die Form eines 13 Seiten langen Briefes an den „lieben Christian" (d. i. Christian Schmid, den Sekretär der Schweizerischen Konferenz der kantonalen Erziehungsdirektoren). Der Brief ist vom 29. 9. 1996 und wehrt sich im Namen des Duden gegen die Angriffe der inzwischen bei Bertelsmann untergeschlüpften Mitreformer. Dudenautor Sitta fürchtet verständlicherweise, daß „Unruhen aus Deutschland herüberschwappen" und schließt mit den Worten: „Aus unserer Sicht bleibt es voll und ganz gerechtfertigt, den Duden in der Schweiz als Referenzwerk zu gebrauchen." Dafür haben wir natürlich volles Verständnis, zumal „in dieser Welt, in der Worte wie *Markt* und *Handel* Hochwertworte sind" (Sitta)! Und warum sollen die Reformer, die sich von ihrem lieben Christian „mit Dank für Eure Unterstützung" verabschieden, nicht auch gleich selbst das Geschäft der Interpretation ihres Werks übernehmen? Die beiden Eidgenossen sehen das ganz realistisch. In jener „Stellungnahme zu den Unruhen" schreiben sie: „Mit falschen Auslegungen muss man natürlich vor allem dort rechnen, wo Menschen interpretieren, die die Arbeit am Regelwerk nicht mitgemacht haben." (S. 2) Allerdings wäre es ein grundsätzlicher Mangel des Reformwerkes, wenn zu seiner korrekten   Interpretation ein solches Insiderwissen gehörte.

Der Jurist Wolfgang Kopke, der seinerzeit noch hauptsächlich das anstößige Duden-Privileg im Auge hatte, warnt vor einer zwischenstaatlichen Kommission, die es in der Hand hätte, „in gewissen Abständen Änderungen der deutschen Orthographie zu verfügen und damit Neuauflagen von Wörterbüchern und Rechtschreibprogrammen notwendig zu machen."[103] Wenn nun gar, wie es tatsächlich der Fall ist, ein Teil der Kommissionsmitglieder bei Wörterbuchverlagen und einschlägig interessierten Medienkonzernen untergekommen ist und aus der neuen Rechtschreibung Geld macht, so ist das ein vollendeter Skandal, der leider noch zu wenig Beachtung findet.

Nur wenigen Zeitgenossen fiel der Widerspruch auf, der zwischen der groß herausgestellten Geringfügigkeit der Änderungen und der Behauptung bestand, die Reform sei längst überfällig und dürfe keinesfalls scheitern.

Die Reformer werfen ihren Kritikern ja gern vor, sie behaupteten einerseits eine Sprachverhunzung durch die neuen Regeln, andererseits wiesen sie auf den geringen Prozentsatz veränderter Schreibungen hin, der in keinem Verhältnis zum Aufwand stehe. Aber die Reformer tun genau dasselbe, wenn sie einerseits behaupten:

> „In der Regel werden die relativ kleinen Veränderungen gar nicht bemerkt."[104]

– und andererseits die Reform als Rettung aus höchster Not darstellen. In ihrem Schreiben vom 9.10.1995 an die Ministerpräsidenten behaupten der Reformer Gerhard Augst und der Direktor des federführenden Instituts für deutsche Sprache, Gerhard Stickel, die Rechtschreibreform sei „dringend notwendig". Ein paar Zeilen weiter versichern sie jedoch, die Änderungen seien so maßvoll, daß die Anschaffung neuer Schulbücher (ausgenommen Rechtschreibmaterialien und Fibeln) nicht erforderlich sei. Ob sie letzteres wirklich geglaubt haben, läßt sich nicht mehr feststellen. Die Wirklichkeit sieht bekanntlich so aus, daß seit Sommer 1996 kein Schulbuch mehr verkauft werden kann, das nicht der Neuregelung folgte. Ungezählte bereits gedruckte Bände mußten unter Millionenverlusten eingestampft werden, eine Fibel zum Beispiel nur deshalb, weil ein einziges Wort (*naß*) nicht den neuen Regeln entsprach.[105] Gerade dieser Umstand wurde bereits kurze Zeit später als weiterer Grund angeführt, warum die Reform nicht mehr gestoppt werden könne!

Mit der Geringfügigkeit hat es übrigens folgende Bewandtnis: Betrachtet man längere Texte in Neuschreibung, so wird man den Eingriff – medizinisch gesprochen – in der Tat als „minimalinvasiv" bezeichnen können, da die oben nachgewiesenen wirklich schweren Mißgriffe – im Vergleich zur vermehrten ss-Schreibung – nicht allzuoft zur Auswirkung kommen. Dennoch ist es eine Reform und keine bloße Pflegemaßnahme. Wenn nämlich der Duden sich bisher turnusmäßig von Auflage zu Auflage leicht veränderte – vor allem durch die Aufnahme neuer Wörter –, brauchte niemand sich die jeweils neueste zu kaufen; die alten behielten ihre Gültigkeit. Das ist nun bekanntlich ganz anders. Die Neuregelung wirbt damit, daß sie eine „Neuformulierung der Regeln nach einem einheitlichen Konzept" biete (Vorwort). Abgesehen davon, daß dieses einheitliche Konzept schwer auszumachen ist – soweit es nur darum ginge, würde es sich um eine redaktionelle Arbeit und nicht um eine Reform handeln, die den Kauf neuer Wörterbücher notwendig macht. Außerdem beschränkte sich die Dudenredaktion bisher erklärtermaßen darauf, den Sprachgebrauch, der ja neben der Norm immer ein Eigenleben führt, zu beobachten und das Neue mit einem gewissen Abstand nachträglich zu verbuchen. Auch das ist nun grundsätzlich anders. Die Reformer führen selbsterfundene Neuschreibungen wie *Tunfisch* oder *passee* (statt *passé*) ein, die noch nie ein Erwachsener verwendet hat. Man beschränkt sich also keineswegs darauf, „die Schreibpraxis sorgfältig zu beobachten und festzuhalten, was sich dort an neuen Varianten zeigt"[106], sondern setzt theoretische Erwägungen in die Praxis um. Genau das ist das Wesen einer Reform.

Regelungs-Gewalt

Zu den ständig wiederkehrenden Beschwichtigungsformeln gehört auch der Hinweis, selbstverständlich brauche niemand seine Schreibweise nach der neuen Rechtschreibung auszurichten, wenn er nicht wolle. Der Reformer Hermann Zabel schreibt in einer sogenannten „Dortmunder Erklärung":

> „Von dieser Neuregelung ist der private Schreibgebrauch der Bürgerinnen und Bürger nicht betroffen. Auch nach dem 1. 8. 2005 kann jeder privat nach den bisherigen Regeln schreiben, da der Staat nicht befugt ist, diesen Bereich amtlich zu regeln."[107]

Und an anderer Stelle:

> „Wer aus welchen Gründen auch immer zum Beispiel im Briefverkehr die alte Schreibung beibehalten will, kann dies tun. Insofern muß niemand für seinen privaten Schreibgebrauch neu schreiben lernen. Der Staat hat keine Möglichkeit, Anordnungen für den privaten Schreibgebrauch zu erlassen."[108]

Abgesehen davon, daß der Staat auch für den öffentlichen Schreibgebrauch keine Anordnungen erlassen kann, sondern allenfalls für den amtlichen und schulischen, ist das natürlich Unsinn, denn einer solchen Regelung kann sich in der Praxis niemand entziehen. Das wird denn auch im Vorwort der amtlichen Vorlage etwas deutlicher ausgesprochen, wo vom „Vorbildcharakter für alle, die sich an einer allgemein gültigen Rechtschreibung orientieren möchten (das heißt Firmen, speziell Druckereien, Verlage, Redaktionen – aber auch Privatpersonen)", die Rede ist. Die Reformer wissen das natürlich ganz genau. Der bayerische Kultusminister hat in seinem „Spiegel"-Interview so schlicht wie treffend gesagt, die Reform regele für viele Jahre, „wie das deutsche Volk schreibt." Die reformierte Rechtschreibung ist ebenso wie die alte zwar nicht dazu ermächtigt, wohl aber darauf abgezweckt, die eine und einzige Rechtschreibung festzulegen, die das gesamte schriftliche Erscheinungsbild der deutschen Sprache prägt. So entspricht es dem Usus in aller Welt und kann auch gar nicht anders sein. Was die Schule betrifft, so lernen die Kinder dort nicht nur, wie sie **in** der Schule und **für** die Schule zu schreiben haben, sie lernen vielmehr ohne Einschränkung, **wie man schreibt.** Das ist ja einer der Gründe, warum wir unsere Kinder überhaupt auf Schulen schicken.

Wenn also gesagt wird: „Wie bei der Reform von 1901 braucht kein Schreiber seine persönliche Schreibweise zu ändern." (Zabel) – so zeigt gerade dieser geschichtliche Hinweis, daß die Schulorthographie unausweichlich die Schreibweise des ganzen Volkes festlegt. Daß ich im stillen Kämmerlein schreiben kann, wie ich will, nicht nur nach den „bisherigen Regeln", versteht sich von selbst. Auch die Verlautbarungen des IDS und die Schriften einiger Reformer sind ja seit 1996 in einer amtlich gar nicht gültigen Orthographie abgefaßt. Niemand wird ihnen das Recht dazu streitig machen. Man muß aber das Wesen sozialer Normen im allgemeinen und der orthographischen Norm im besonderen schon mutwillig verkennen, um die aberwitzige Behauptung aufstellen zu können, der außerschulische Schreibgebrauch sei von der Rechtschreibreform „nicht betroffen". Und doch ist diese Behauptung von großer taktischer Bedeutung und wird gerade darum unermüdlich wiederholt; denn nur wenn man den Leuten einreden kann, sie seien von der Reform nicht betroffen, kann man der juristischen Argumentation entgehen, es handele sich um einen „wesentlichen" Eingriff in das Leben der gesamten Gesellschaft, der daher nicht an den Parlamenten vorbei verfügt werden dürfe.

Höflich aus Versehen

Man könnte übrigens an dieser Stelle auch fragen, für welchen amtlichen, jedenfalls nicht-privaten Gebrauch die Schüler denn jetzt lernen sollen, daß das *Du* in Briefen künftig klein geschrieben wird. Briefe mit dieser Anrede sind Privatbriefe.

Eine weitere Frage wäre natürlich, ob gerade diese neue Regel nicht die Kompetenz der Experten grundsätzlich überschreitet. Schließlich geht es hier nicht um eine rein orthographische Frage, die sich aus der wissenschaftlichen Untersuchung der Rechtschreibungssystematik heraus beantworten ließe. In den Duden-„Informationen" vom Dezember 1994 jedoch wird dekretiert:

> „Duzt man jemanden, so besteht kein Anlaß, durch Großschreibung besondere Ehrerbietung zu bezeugen."

Darauf ist zunächst zu erwidern: Das geht die Rechtschreibkommission nichts an! Dann aber ist dieser Fall gut geeignet, den Reformern auf die Schliche zu kommen. Es war, wie frühere Reformentwürfe bezeugen, schon lange ihr Herzenswunsch, uns die Höflichkeit auszutreiben. Wie macht man das? Indem man zum Beispiel unter der durchaus angemessenen Überschrift „Die Höflichkeitsgroßschreibung" unvermittelt von „Ehrerbietung" zu sprechen beginnt. Schreibe ich an einen guten Freund, so bin ich natürlich von Ehrerbietung weit entfernt; höflich möchte ich allerdings sein, und das ist ja auch etwas ganz anderes. – Schon im nächsten Abschnitt, wo es um die Großschreibung des Anrede-*Sie* geht, kehren die Verfasser zum schlichten Ausdruck *höfliche Anrede* zurück. Warum muß es beim Brief-*Du* Ehrerbietung sein? Daß dies kein Zufall, sondern ein wohlüberlegter Trick ist, beweist das analoge Vorgehen derselben Reformer in ihrem Duden-Taschenbuch sowie im „Handbuch Rechtschreiben". Im Taschenbuch heißt es:

„Dieses Pronomen (*du*) drückt Vertrautheit aus, die Anwendung der Großschreibung für die distanziert-höfliche Anrede ist daher nicht angemessen."[109]

Die Interpretation als „distanziert" ist willkürlich hinzugefügt. Sie soll den Gedanken fernhalten, man könne mit jemandem vertraut sein und dennoch höflich mit ihm umgehen wollen. Dies scheint die Vorstellungskraft der Reformer zu übersteigen. Außerdem läuft die zitierte Behauptung auf die erschütternde Einsicht hinaus, daß wir selbst und unsere Vorfahren bis hinauf zu den Urururgroßeltern uns bisher in Briefen nicht angemessen ausgedrückt haben – und keiner hat es bemerkt!

Zur Rechtfertigung des neuen Apostrophs nach Eigennamen (*Carlo's Taverne*, § 97) schreiben Gallmann und Sitta:

„Die häufig anzutreffenden Firmen- und Ladenbezeichnungen wie *Uschi's Blumenladen* sollen nicht mehr als ganz und gar falsch abgetan werden."[110]

Aber jedermann kann seinen Laden nennen, wie er will. Der Staat hat darüber keine „Regelungsgewalt".

Auf jeden Fall widerlegt die Regelung solcher nichtamtlichen Angelegenheiten die Behauptung, daß die Reform den privaten Bereich nicht antaste. Die gesamte Regelung der Rechtschreibung ist vielmehr ein Eingriff in den allgemeinen Sprachgebrauch.

Das ist auch seit je nicht anders gesehen worden. In einer Reichstagssitzung am 7. 4. 1880 erklärte der liberale Abgeordnete Stephani,

„daß es ganz unmöglich ist, so die Schule vom Leben zu trennen, daß nicht mit diesen Verfügungen die außerhalb der Schule Stehenden ebenso stark in Mitleidenschaft gezogen werden wie die Schulen."[111]

Er kritisierte, daß die Schule nun, statt den Kindern die Schreibgewohnheiten der gebildeten Erwachsenen beizubringen, selbst vorangehen und den Erwachsenen neue Schreibregeln aufzwingen wolle.

Diese Kritik ist heute so aktuell wie vor hundert Jahren. Welche eigenmächtige Wirksamkeit der Schule zugeschanzt werden kann, zeigt eine didaktische Empfehlung der beiden Reformer Gallmann und Sitta zum Umgang mit zugelassenen Varianten:

„Grundsätzlich werden in der Schule nur noch die neuen Schreibungen gelehrt."[112]

Und zwar soll dies auch dann gelten, wenn die neuen Schreibungen nur Nebenvarianten sind, d. h. solche, bei denen die Reformer nicht wagen durften, sie mit einem Schlag zu neuen Standardschreibungen zu erklären: *Delfin*, *Panter*, *Katarr*. Man sieht hier, was mit „gezielter Variantenführung" eigentlich gemeint ist: Die von der Mehrheit der Bevölkerung nicht gewünschten Neuschreibungen betreten das Haus gleichsam durch den Hintereingang, spielen sich aber, sobald sie einmal drinnen sind, als die eigentlichen Herren auf.

Oft wird auch behauptet, die Schriftsteller hätten überhaupt keinen Anlaß, sich über die Reform zu beklagen, da sie ja ihren persönlichen Sprachgebrauch weiterhin pflegen dürften. Dieses Argument wird auch in der Dresdner Erklärung der Kultusminister wiederholt. Darauf ist mehreres zu antworten. Zunächst einmal wird, wie wir gesehen haben, durchaus in die Sprache selbst eingegriffen, da die Reform ganze Reihen von Wörtern aus dem Verkehr zieht und bisher mögliche Unterscheidungsschreibungen aufhebt. Wenn nun Schriftsteller von anderen Schreibungen Gebrauch machen, als sie in sämtlichen Schulen gelehrt werden, so kann der Leser allenfalls noch den Eindruck gewinnen, er habe es mit schlichten Fehlern zu tun. Der Sinn der jeweils gewählten Schreibweise ist nicht mehr zu erschließen. Ferner wirkt sich die Reform voraussehbarerweise so aus, daß Texte in einer nicht schulgerechten Schreibweise keine Aussicht haben, in die Lesebücher aufgenommen zu werden. Die Schriftsteller müßten sich also entweder dazu bereitfinden, daß ihre Texte umgeschrieben werden, oder auf die Präsenz in Lesebüchern verzichten. Auf diese Vorhaltungen haben die Kultusbürokraten und ihre publizistischen Helfer bisher nur mit ironischen und spöttischen Kommentaren geantwortet, in denen die Schriftsteller als eine Art Außenseiter hingestellt wurden, deren Randexistenz ihnen sowieso Narrenfreiheit sichere. Auf diesen Ton war ja auch die Presse-Erklärung des Instituts für deutsche Sprache gestimmt.

Welches Schicksal die Lesebuchbearbeiter den Texten unserer Schriftsteller zugedacht haben, läßt sich bereits beobachten. In einem gerade erschienenen Lesebuch des Bayerischen Schulbuchverlags (Sprachbuch 10) ist der Anfang von Thomas Manns „Bekenntnissen des Hochstaplers Felix Krull" abgedruckt. Der erste Satz lautet:

Indem ich zur Feder greife um in völliger Muße und Zurückgezogenheit – gesund übrigens, wenn auch müde, sehr müde (sodass ich wohl nur in kleinen Etappen und unter häufigem Ausruhen werde vorwärts schreiten können), indem ich mich also anschicke meine Geständnisse in der sauberen und gefälligen Handschrift, die mir eigen ist, dem geduldigen Papier anzuvertrauen beschleicht mich das flüchtige Bedenken, ob ich diesem geistigen Unternehmen nach Vorbildung und Schule denn auch gewachsen bin.

Es fehlen also drei Kommas. Im ganzen Text verfahren die Herausgeberinnen so, daß sie die Kommas selbst dort, wo sie nach der Neuregelung stehen dürfen, kurzerhand streichen. Nun haben ja selbst die Reformer darauf hingewiesen, daß die liberalisierte Kommasetzung eher etwas für Anfänger ist, während der professionelle Schreiber den Spielraum im Sinne der bisherigen Regelung ausschöpfen wird. Thomas Mann muß sich also der Klasse der Stümper zurechnen lassen. Robert Musil, Christa Wolf und vielen anderen ergeht es in der „Sprachbuch"- Reihe nicht besser. Gegen die Verhunzung ihrer Autoren durch zum Teil postume Lektorierung werden sich die Verlage zur Wehr setzen müssen. Die Veränderung einzelner Buchstaben, wie die Ersetzung von *ß* durch *ss*, könnte man eher hinnehmen, da die Buchstaben nur dazu dienen, schon existierende Wörter zu identifizieren. Die Zeichensetzung hingegen ist Teil der Prosakunst. Ein weggelassenes Komma ist wie ein weggelassenes Wort. Kein gewissenhafter Lehrer wird mit einem solchen Buch arbeiten und seine Schüler derart entstellte Texte interpretieren lassen.

Deformierte Maus

Noch gar nicht absehen läßt sich die Auswirkung der Rechtschreibreform auf das Deutschlernen und die germanistischen Studien im Ausland. Die deutsche Sprache hat fast überall in der Welt an Boden verloren, sie steht in scharfer Konkurrenz mit anderen Sprachen, vor allem dem Englischen. Den weiteren Gründen kann hier nicht nachgegangen werden. Jedenfalls hat die Nachricht von einer geplanten Rechtschreibreform bereits erhebliche Unruhe hervorgerufen, wobei eine Rolle spielen mag, daß das Ausmaß der vorgesehenen Veränderungen sicherlich überschätzt wird. Ist das ein Wunder? Auch in Deutschland selbst überblickt kaum jemand die erwartbaren Änderungen, und eine konsequent in Neuschreibung gehaltene Literatur von einigem Umfang liegt noch nicht vor. Wie Ota Filip berichtet, sind die Germanisten an osteuropäischen Universitätsinstituten, wo die deutsche Sprache sich nach dem Zusammenbruch des Sowjetimperiums im Wettstreit mit der Weltsprache Englisch um Wiederanknüpfung an ihren früheren Rang als Lingua franca bemüht, stark verunsichert. Dort werden zur Zeit die Weichen gestellt, die über die künftige Rolle des Deutschen entscheiden. Es ist unklug, gerade jetzt diese mutwillige und nutzlose Rechtschreibveränderung zu erzwingen.

In einer schwedischen Germanistenzeitschrift ist folgendes zu lesen:

„Wir Auslandsgermanisten fragen uns seit einiger Zeit besorgt, was die sonst verehrten Kollegen in Deutschland dazu hat verleiten können, die sog. Rechtschreibreform überhaupt ‚Reform‘ zu nennen, anstatt sie schon im Keim erstikken zu lassen.“[113]

Der Verfasser fügt noch hinzu: „Der Berg gebar nur ein Maus, dazu noch eine deformierte.“ Kein sehr schmeichelhaftes Bild, aber leider treffend. Sobald sich Auslandsgermanisten, die ja in der Regel auch als Deutschlehrer arbeiten und daher die Praxis des Sprachunterrichts aus der täglichen Erfahrung sehr gut beurteilen können, mit den Einzelheiten des Reformwerks beschäftigen, ergreift sie blankes Entsetzen. Aus Minnesota schreibt ein Germanist, welche Erschwernis die Neuschreibung für seine Studenten bedeute, und belegt es mit vielen Details. Er schließt mit folgenden Worten, die auf das letzte Aufgebot an Reformargumenten anspielen:

„Pacta sunt servanda ... Wenn ich als Fachmann die Rechtschreibreform für Blödsinn halte, dann wollen wir mal sehen, welche Pacta da servanda sind. Auch der Vietnam-Krieg endete, weil die einfachen Amerikaner ihr Land nicht durch Vietnam angegriffen sahen (...) Da geht’s ja gar nicht mehr um die Sache, sondern um die Staatsraison. Und das wegen 0,7 Prozent der Schreibung von Texten, die von einigen halt falsch geschrieben werden, so oder so. (...) Die Bayern wollen ein Volksbegehren in dieser Sache. The more power to them!“

Die beste Reform aller Zeiten

Neben der Behutsamkeit und dem Konsens wurde in der mit
Eigenlob nicht geizenden Propaganda auch der „wissenschaftliche" Charakter der Reformvorschläge ständig hervorgehoben,
obwohl die teils politisch erzwungene, teils durch den Streit der
Experten verursachte und teils wohl auch aus der Sache selbst
sich ergebende Kompromißhaftigkeit des Unternehmens keinen
Augenblick in Zweifel stand. Auch in persönlichen Briefen von
Beteiligten erfährt man, daß heftig gerungen wurde und man-
nigfache Kompromisse notwendig wurden; diese Hinweise dienen gewöhnlich zur Entschuldigung der aufgewiesenen Fehler.
Bisher hat noch jeder Beteiligte, wenn man ihn auf Mängel des
Reformwerkes hinwies, ungefähr so geantwortet: „Das stammt
von dem Kollegen X, da mußte ich nachgeben, um nicht das
ganze Unternehmen scheitern zu lassen!" Einer schreibt: „Da es
sich bei einem Vorhaben dieser Art letztlich immer um einen
Kompromiß handeln wird, versteht es sich von selbst, daß an
einzelnen Punkten Kritik einsetzen kann." Die beiden Schweizer Reformer stellen fest, „dass viele Festlegungen Ergebnis von
Kompromissen zwischen verschiedenen Ansätzen sind". Ein
vierter läßt brieflich wissen: „Daß bei der integrierten Schreibung von *Hämorrhoiden* das zweite r mit fallen sollte, war auch
meine – allerdings seinerzeit nicht durchsetzbare – Auffassung.
Vergessen Sie bitte nicht, daß wir mit dem Vorschlag (und das
gilt für alle seine Teile) einen – wohl nur auf solche Weise zustande zu bringenden – Kompromiß vorliegen haben." Alle Beteiligten scheinen, wenn man sie heute fragt, ständig übding übestimmt
worden zu sein. Jeder wollte sein Steckenpferd ungestört wei-
terreiten, jeder mußte am Ende ein wenig nachgeben – alles
unter dem Zwang, termingerecht fertig zu werden. Nur daß die

Öffentlichkeit an solchem Feilschen nicht im mindesten interessiert ist.

Obwohl allen Beteiligten das Kompromißhafte, Inkonsequente, Fragmentarische der Reform aus eigener langjähriger Anschauung jederzeit bewußt gewesen sein muß, loben sie ihr Werk vor der Öffentlichkeit in geradezu peinlicher Weise:

„Noch nie war eine Neuregelung der heutigen (sic) Rechtschreibung wissenschaftlich so gut vorbereitet wie heute."[114]

„Blickt man zurück in die Vergangenheit, so läßt sich wohl mit aller Zurückhaltung feststellen, daß noch nie Veränderungsvorschläge für unsere Orthographie so vollständig und wissenschaftlich so sorgfältig begründet vorgelegen haben wie heute."[115]

„Die Teilnehmer der diesjährigen Konferenz stellen einvernehmlich fest, daß es sich bei den inzwischen vorliegenden bzw. sich abzeichnenden wissenschaftlichen Arbeiten zur Rechtschreibreform um den am besten durchdachten Neuregelungsvorschlag zur deutschen Rechtschreibung handelt, der seit der Orthographischen Konferenz von 1901 erarbeitet wurde."[116]

„Ohne unbescheiden sein zu wollen, glauben wir, dass eine Reform der deutschen Rechtschreibung noch nie so gründlich bis ins letzte Detail vorbereitet worden ist."[117]

Noch im Januar 1997, als die Reformbedürftigkeit der Reform nicht mehr ernsthaft geleugnet werden konnte, fand Augst die Neuregelung „in allen Punkten sinnvoll."[118] Und Zabel meint, daß die von ihm selbst mitverfaßte Regelung der Fremdwortschreibung ein „wohlüberlegtes, linguistisch und didaktisch fundiertes Angebot an die Schreibgemeinschaft" war.

Wer den Mund so voll nimmt, sollte bedenken, daß er einen außerordentlich hohen Maßstab setzt, nach dem er denn auch zu beurteilen ist. Schon die Alten wußten, daß es unklug ist, das Schicksal durch bombastisches Selbstlob herauszufordern. Hat

eine Germanistik, die sich einerseits den *Spinnefeind* leistet und
allen Ernstes verlangt, daß wir schreiben *Ich möchte Ihnen sagen, wie Leid es mir tut*, die andererseits *aufsehenerregend*,
Handvoll und tausend andere Wörter austilgt, überhaupt noch
eine Reputation zu verlieren? Diese Frage geht nicht nur die unmittelbar beteiligten Reformer an, sondern muß auch der gesamten deutschen Germanistik gestellt werden. Aus unzähligen
Briefen, auch verstohlen zugesteckten Zetteln ist mir bekannt,
daß praktisch alle deutschen Sprachwissenschaftler und Germanisten die Reform für völlig mißlungen halten. Bringt man das
Gespräch auf dieses Thema, verdrehen manche nur die Augen.
Das soll wohl heißen: „Natürlich ist die Reform Unsinn, das
sage ich in meinen Seminaren auch, aber Sie wissen ja, der Kollege X war beteiligt, da hält man sich in der Öffentlichkeit lieber zurück." So lassen sich die wenigen, die öffentlich zu ihrer
Einschätzung stehen, an den Fingern einer Hand abzählen.

Auch unter den Lehrern gibt es unzählige, die hinter vorgehaltener Hand versichern, daß sie die Neuregelung eigentlich
ablehnen, gezwungenermaßen aber dennoch unterrichten. Manche sind so mutig, das auch ihren Schülern zu sagen. Die meisten fürchten Sanktionen und vermeiden es, bei den Vorgesetzten anzuecken. Wer die besondere Sozialisation der Lehrer
kennt, kann nichts anderes erwarten. Ein pensionierter Gymnasiallehrer, der sich als Verfasser von Schulbüchern zur deutschen Sprachlehre betätigt, schrieb mir, daß er selbst ebenfalls
manche der neuen Regeln für mißlungen halte. Dann fährt er
wörtlich fort: „Ich werde aber der Norm gehorchen, weil sie
die Norm ist." An manchen Schulen sind die persönlichen Beziehungen zwischen der Schulleitung und einigen Lehrern inzwischen stark belastet. Immerhin gibt es schon ganze Fachgruppen von Deutschlehrern, die angesichts der als unsinnig
erkannten Neuregelung den Gehorsam aufkündigen oder sich
mit Petitionen an die Kultusminister wenden.

Der Sprecher des bayerischen Kultusministeriums behauptete allerdings, man habe „von den Schulen nur Positives gehört".[119] Die Grundschullehrer hätten mit der neuen Rechtschreibung „anstandslos angefangen". Er vergaß nicht hinzuzufügen, daß die Lehrer andernfalls mit disziplinarischen Maßnahmen zu rechnen hätten, da die neue Rechtschreibung ebenso verbindlich sei wie die Lehrpläne. Aus der so gedemütigten Lehrerschaft war kein Echo zu vernehmen, abgesehen von einer wenig überraschenden Ergebenheitsadresse des Bayerischen Philologenverbandes.

Hier ist auch ein besonders schlichtes Argument zu erwähnen, das trotz seiner Unbedarftheit besonders bei Journalisten nicht ohne Wirkung blieb: „Unsere Rechtschreibung ist nun 100 Jahre alt, und die Sprache hat sich in dieser Zeit stark gewandelt – folglich muß auch die Orthographie endlich angepaßt werden." Bei Augst und Stickel liest sich das so:

> „Da der Staat durch seinen Erlass von 1902 (und die Folgeerlasse) die Regelungskompetenz an sich gezogen hat, ist er u. E. auch verpflichtet, die Rechtschreibung bei Bedarf neuen Gegebenheiten anzupassen."[120]

Noch Ende Februar 1997 ließ die KMK sich in diesem Sinne vernehmen: Die Reform sei notwendig, um die Schreibweise den seit 1902 eingetretenen Veränderungen der Sprache anzupassen. Das klingt zunächst recht gut, bis man nachfragt, welche Veränderungen der deutschen Sprache es denn sind, die nach einer neuen Rechtschreibung rufen. Es gibt nämlich keine. Die Kluft zwischen Schreibweise und Aussprache ist nicht größer geworden. Die Veränderungen bestehen fast ausschließlich in neuen Wortbildungen und Fremdwörtern; unsere Rechtschreibung hat nicht die mindesten Probleme damit gehabt.

Die Vorstellung, eine Rechtschreibordnung müsse in regelmäßigen Abständen zu einer Art TÜV, entspricht im übrigen dem gedankenlos-technizistischen Verständnis, das sich manche Menschen in einer Zeit immer kürzerer Modellzyklen von einem Kulturgegenstand wie der Sprache machen mögen.

Daß es eine Aufgabe des Staates sei, die Rechtschreibung anzupassen, wird von den Freunden der Reform auffallend oft betont:

„Da aber eine normierte Rechtschreibung sich kaum von selbst im gesellschaftlichen Wandel ändern kann, muß die Normierung in gewissen Zeitabständen der neuesten Entwicklung durch Erlaß angepaßt werden."[121]

Ähnlich meint Dieter E. Zimmer in der „Zeit" vom 5. 7. 1996, nur der Staat könne die Einheitlichkeit der Rechtschreibung garantieren. Nerius et al. schreiben, die Rechtschreibung könne, weil es sich um eine gesetzte und kodifizierte Norm handele, nur durch eine Reform weiterentwickelt werden.[122] Die Erfahrung mit dem Duden spricht dagegen.

Ein Standardargument aus dem Arsenal der Reformwilligen lautet in Zabels Fassung:

„Mit Blick auf die anstehende politische Einigung Europas legt sich der Verzicht auf den deutschen Sonderweg im Bereich der Groß- und Kleinschreibung nahe. Es geht also darum, zu der Gemeinsamkeit mit den übrigen europäischen Sprachen zurückzufinden, auf die Gottsched schon 1748 hingewiesen hat."[123]

„Es bleibt abzuwarten, ob auf dem weiteren Wege der europäischen Einigung der deutsche Sonderweg, Substantive und Substantivierungen groß zu schreiben, noch einmal zur Diskussion gestellt wird."[124]

Hier wird durch die Wortwahl der politische Alptraum vom deutschen „Sonderweg" beschworen, von dem man ja weiß, wohin er geführt hat – eine offenbar ganz unangemessene Assoziation, wo es um eine schreibtechnische Einzelheit wie die Substantivgroßschreibung geht.[125] Hitlers Abschaffung der Fraktur – auch dies das Ende eines deutschen Sonderwegs – wird bezeichnenderweise nicht angeführt. Und wenn denn schon von den europäischen Nachbarn zu lernen ist, könnte man ja auch an die überaus komplizierte Orthographie der Engländer denken, die daraus keineswegs irgendwelche Reformabsichten herleiten. Warum macht man „auf dem weiteren Wege der europäischen Einigung" nicht gleich Nägel mit Köpfen und stellt den deutschen Sonderweg, deutsch zu sprechen, zur Diskussion? Die meisten Nachbarvölker sprechen doch auch nicht deutsch.

Das eigentlich niederschmetternde Ergebnis der Reform besteht in der Beseitigung der deutschen Einheitsrechtschreibung. Dies ist einerseits eine Wirkung der unzähligen „Varianten" sowie der Beliebigkeitsklauseln. Andererseits sollte möglichst bald die Tatsache ins allgemeine Bewußtsein dringen, daß Rechtschreibung nicht mehr in einem einzigen Buch, von welch fragwürdiger Legitimität auch immer, zu finden ist. Seit dem Sommer 1996 hatten wir es zunächst mit zwei repräsentativen, von vornherein gleichberechtigten Wörterbüchern zu tun. Sie geben auf jeder Seite eine Fülle von abweichenden Auskünften. Inzwischen sind ein halbes Dutzend weitere hinzugekommen, und jeden Monat werden es mehr. Der unmittelbare Rückgriff auf die Regeln ist kaum zumutbar und auch von deren Urhebern nicht eigentlich vorgesehen. Wo die professionellen Rechtschreibungslexikographen nicht weiterwußten, wird es den Grundschullehrern auch nicht gelingen. Was dies alles für die Korrektur- und Benotungspraxis an der Schule bedeutet, braucht nicht näher ausgeführt zu werden.

Hinzu kommt, daß eine ganze Generation von Schülern mit zwei verschiedenen Orthographien aufwächst: einer alten, die sie durch Lesen kennenlernt, und einer neuen, die sie selbst üben soll. Schüler, die viel lesen, haben einen Nachteil; man sollte sie entsprechend warnen. Schon jetzt herrscht an den Schulen zunehmende Verwirrung, auch bei den Lehrern. Sie sind von ihren Ministerien mit Übersichtsblättern ausgerüstet worden und müssen sich alles übrige selbst erarbeiten. Was das Studium der Regeln in Wirklichkeit bedeutet, scheint man sich in den Amtsstuben der Schulverwaltung nicht recht vorstellen zu können.

Wen wundert´s? Ein bayerischer Landtagsabgeordneter versicherte in jener denkwürdigen Sitzung vom 27. 10. 1995, er sei

> „am Montag mit meiner Sekretärin nach dem Leitspruch, Betroffene zu Beteiligten zu machen, die Reformvorschläge Punkt für Punkt durchgegangen. Obwohl selbst in der Rechtschreibung absolut sicher, hat sie die Änderungen in den soeben angeführten fünf Bereichen als konsequent und vernünftig begrüßt."[126]

Aus dem weiteren Text geht hervor, daß der Abgeordnete und seine Sekretärin sich offenbar die Duden-Informationen und nicht das eigentliche Regelwerk angeschaut haben. Man kann dies als mildernden Umstand oder als zusätzlichen Mangel an Verantwortungsbewußtsein werten. Die Abgründe der Neuregelung mußten ihnen an jenem Montag so oder so verborgen bleiben.

Was aus der Reform wird, wenn die Regeln an der pädagogischen Front ankommen, ist an ausgewählten Beispielen schon gezeigt worden. Zwar beschränken sich die Lehrer bisher weitgehend auf das Üben von neuem *ss* und gelockerter Kommasetzung, so daß man nicht sagen kann, eine sofortige Rücknahme der Reform würde die Verwirrung der Köpfe nennenswert erhöhen. Allerdings gibt es Schulen und Lehrer, die sich der Reform mit besonderem Eifer hingeben. Man hört von neunten Klassen, die eine von ohnehin nur drei Wochenstunden

Deutschunterricht auf das Umlernen der Rechtschreibung verwenden. Damit ist genau das eingetreten, was Kritiker vorausgesagt haben: Der Rechtschreibunterricht zieht eine völlig unverdiente Aufmerksamkeit auf sich. Das haben die Reformer selbst nicht gewollt:

> „Nichts wäre schlimmer, als wenn sich nach der Neuregelung der Stellenwert der Rechtschreibung in der Schule über das vertretbare Maß hinaus erhöhen würde."[127]

Nachdem sogar der Bundespräsident öffentlich erklärt hat, er halte die Reform für überflüssig und werde sich selbst nie danach richten, ist für den Rechtschreibunterricht, ja für die Schule insgesamt eine pädagogisch unzumutbare Situation entstanden: Die Schüler müssen etwas lernen, wovon ihnen zugleich gesagt wird: „Wenn ihr erwachsen seid, braucht ihr euch nicht mehr daran zu halten; der Bundespräsident tut es auch nicht." Im gleichen Sinne äußern sich ja, wie wir gesehen haben, die Reformer.

Die Urheber und Befürworter der Reform haben seit der Wiener Konferenz so gut wie gar nicht mehr inhaltlich argumentiert, sondern sich im Gegenteil von immer mehr Einzelheiten des Reformwerkes distanziert. Sie verteidigen die Reform mit Hinweisen auf Termindruck, politische, juristische und „technische" Zwänge und schließlich sogar mit dem Kostenargument. Denn die Reform sollte zwar, wie einige Kultusministerien, die kein Geld für Schulbücher und Lehrerfortbildung ausgeben wollen, bis zum heutigen Tage versichern, „kostenneutral" sein. Und in der Tat werden die neuen Rechtschreibbücher, die Übungshefte, die Rechtschreibungs-Software und die Schulung der Sekretärinnen weitgehend von den Betroffenen selbst bezahlt, kosten also die öffentliche Hand nichts. Der Reformer Zabel stellte jedoch die außerordentliche Behauptung auf, die Rücknahme dieser „kostenneutralen" Reform würde

Milliarden kosten, und das zwei Jahre vor ihrem Inkrafttreten! In einer anderen Veröffentlichung neidet derselbe Autor dem Duden-Verlag den zu erwartenden Geschäftserfolg, der sich aus neuverkauften „schätzungsweise 20 Millionen Rechtschreib-Duden" errechnen lasse. Diese Zahl dürfte zwar zu hoch gegriffen sein, aber ganz umsonst und „kostenneutral" sind auch 10 Millionen Duden nicht zu haben und natürlich auch nicht Zabels eigene Produkte.

Wer eigentlich schuld ist an der gegenwärtigen Vergeudung von Volksvermögen und auch an der Verwirrung in unseren Schulen, kann nicht zweifelhaft sein. In jener aufschlußreichen „Stellungnahme zu den Unruhen" behaupten die beiden Schweizer zunächst, es sei ganz natürlich, daß die Wörterbücher zu unterschiedlichen Auslegungen des Regelwerks gelangten. Dann räumen sie ein:

> „Noch gar nicht gesprochen worden ist über die Möglichkeit, dass bei der Arbeit am Regelwerk auch Regeln formuliert worden sein können, die fragwürdig sind, was sich womöglich erst bei der konkreten lexikographischen Arbeit herausstellt. All diese Probleme waren natürlich" (!) „weder dem Internationalen Arbeitskreis noch den Behörden unbekannt."[128]

Sie haben es also die ganze Zeit gewußt! Unter diesen Umständen gewinnt ein Gerücht an Wahrscheinlichkeit, das besagt, am 1. Juli hätten die Verantwortlichen durchaus noch gezögert, ein augenscheinlich fehlerhaftes Werk politisch abzusegnen, sie seien aber mit dem Hinweis auf das bereits gedruckte Bertelsmann-Wörterbuch zur Unterzeichnung gedrängt worden. Das Buch erschien, ich erinnere noch einmal daran, am 2. Juli. Ein Jahr zuvor hatte man den Duden ohne solche Bedenken in die Falle laufen lassen: Eine unbekannte Anzahl bereits gedruckter Bände mußte eingestampft werden, weil rund 40 (überwiegend nur als Varianten vorgeschlagene) Fremdwortschreibungen und ein paar andere Kleinigkeiten an höchster Stelle Mißfallen erregt hatten. Ein investigativer Journalismus könnte bei der Rekonstruktion dieser Vorfälle vielleicht noch zu manchen Erkenntnissen kommen.

Wären die Wörterbuchverlage im Sommer 1996 zurückgepfiffen worden, weil das Regelwerk korrekturbedürftig und die zwischenstaatliche Kommission noch nicht eingerichtet war, so hätte man allerdings auch nicht im Herbst mit der vorgezogenen Einführung der Neuregelung an den Schulen beginnen können, und der Plan, durch möglichst schnell geschaffene vollendete Tatsachen jeden Rückweg abzuschneiden, wäre schon damals gescheitert.

Reform als Geschäft

Da wir noch einmal auf den „Nervus rerum" gekommen sind, ist folgende Ergänzung angebracht: Noch am 5.7.1996 schrieb Dieter E. Zimmer in der „Zeit", die Neuregelung koste „dank der vorgesehenen Allmählichkeit ihrer Einführung bis zum Jahre 2005 auch keine fünf Milliarden, sondern fast nichts". Die großen Wörterbuchverlage geben seither viele Millionen für die Werbung aus, müssen also doch wohl auch ein recht gutes Geschäft mit den neuen Wörterbüchern machen. Gewinne, für die niemand bezahlt, sind aber nach dem Einmaleins der Wirtschaft unmöglich.

Seit die Nachbesserungsbedürftigkeit der Reform außer Frage steht, ist dieses Geschäft gefährdet. Alle bisher ausgelieferten Wörterbücher werden mit Sicherheit in Kürze nur noch Altpapier sein, und der Verkauf weiterer Werke wird sich verlangsamen, sobald diese Tatsache bekannt ist. Vor diesem Hintergrund schrecken Reformgewinnler nicht davor zurück, falsche

Informationen zu verbreiten. Die Reform soll bekanntlich am 1. August 1998 in Kraft treten, und so war es auch in der Bertelsmann-Rechtschreibung zu lesen:

„... wird die Neuregelung der deutschen Rechtschreibung zum 1. August 1998 in Kraft gesetzt."[129]

In einem der (nicht gekennzeichneten) veränderten Nachdrucke schreibt derselbe Herausgeber wenige Monate später:

„... ist die Neuregelung der deutschen Rechtschreibung am 1. Juli 1996 in Kraft getreten."

In den offiziösen bayerischen „Handreichungen", die an jede Schule in Bayern geschickt wurden, heißt es:

„Nach abschließenden Beratungen (...) konnte mit Unterzeichnung der zwischenstaatlichen Erklärung im Juli 1996 die Neuregelung in Kraft treten."[130]

Auch das Duden-Taschenbuch „Die Neuregelung der deutschen Rechtschreibung" verbreitet Nebel, indem es auf dem Einband erklärt:

„Spätestens" (?) „am 1. August 1998 wird an allen Schulen das neue amtliche Regelwerk zur deutschen Rechtschreibung verbindlich."

Der Reformer Klaus Heller hat an verschiedenen Stellen folgendes drucken lassen:

„Am 1. Juli 1996 unterzeichneten in Wien die politischen Vertreter der deutschsprachigen Staaten und weiterer interessierter Länder eine Gemeinsame Erklärung zur Neuregelung der deutschen Rechtschreibung, die mit ihrer offiziellen Veröffentlichung in Kraft tritt."

Diese irreführenden Machenschaften, die offenbar den Zweck haben, die neuen Rechtschreibbücher vor ihrer Verramschung noch an den Mann zu bringen, geschehen mit Duldung der Kultusminister, denen aus irgendeinem Grunde daran gelegen ist, die Schaffung vollendeter Tatsachen – darunter eben die Existenz von neuen Wörterbüchern in Millionen Haushalten und Büros – immer weiter voranzutreiben.

Die großen Verlage und Medienkonzerne wetteifern geradezu darin, die Urheber des Reformwerkes unter sich aufzuteilen. Ob es – wie das Gerücht will – noch weitere Einflußnahmen auf Inhalt und Durchsetzung der Reform, auch auf die Haltung einiger Politiker und Kultusbeamten gegeben hat, bleibt aufzuklären. Von den Reformern jedenfalls haben nur wenige der Versuchung widerstanden, sich bei diesem oder jenem einschlägig aktiven Verlag zu verdingen. Wir haben schon gesehen, daß Heller dem Bertelsmann-Wörterbuch ein „Geleitwort" widmete. Darin empfiehlt er das völlig mißratene Werk mit den Worten:

> „Der alten Funktion eines jeden Wörterbuchs, Ratgeber und Wegweiser zu sein, wird damit auch die ‚Neue deutsche Rechtschreibung' in schöner Weise gerecht."

Der hohe Ton dieses Empfehlungsschreibens läßt darauf schließen, daß der Verfasser sich einen Augenblick über den wahren Grund seiner Heranziehung (Stichwort *Mannheim*!) hinwegtäuschte.

Der Reformer Zabel wiederum hat, wie erwähnt, ein Geleitwort zum Eduscho-Wörterbuch geschrieben, das in seinen Augen „nicht nur ein ausgezeichneter Ratgeber in allen Fragen der alten und der neuen Orthographie, sondern ebenso ein wertvolles Kompendium zu allen (!) Fragen der deutschen Sprache" ist. Mit den vielen, zum Teil grotesken Fehlern dieses Wörterbuchs konfrontiert, teilt Zabel brieflich mit, daß er sich bei seiner Durchsicht aus Zeitmangel mit Stichproben begnügt habe. Auch wer die Verfasser waren, will er nicht gewußt haben. Das hochtönende Geleitwort wenigstens aus den weiteren Auflagen entfernen zu lassen, sieht er jedoch keinen Anlaß.

Harmloser als die Selbstvermarktung der von Rechtschreib-
forschern zu Rechtschreibunternehmern mutierten Wissenschaftler ist die Betriebsamkeit der großen Schar von Trittbrett-
fahrern. Unzählige Büchlein sind auf dem Markt, die kaum
mehr enthalten als eine Wörterliste, ein paar leicht umformu-
lierte Regeln aus der amtlichen Vorlage und, wenn es hoch
kommt, sogenannte „Übungen", d. h. Texte, die auf engstem
Raum *Gämsen*, *Balletttänzer* und *Schlammmassen* zusammen-
führen.

In manchen Großstädten bieten die Volkshochschulen
Dutzende von parallelen Kursen zur Fortbildung in neuer
Rechtschreibung an. Es werden auch Rechtschreibseminare von
eigens zu diesem Zweck gegründeten privaten Unternehmen
veranstaltet; der Preis für sieben Stunden beträgt in einem
Münchner Institut 260 DM pro Teilnehmer, Studenten zahlen
die Hälfte. Neuerdings ist übrigens von notwendigen Nach-
schulungen der Lehrer in besonderen Fortbildungsveranstaltun-
gen die Rede. Das kostet natürlich auch Geld, aber es wird auch
manche Einsicht in den wahren Charakter des Reformwerkes
zutage fördern, so daß uns diese Ausgabe nicht reuen sollte. Die
Stillegung einer Investitionsruine kann man nicht umsonst erreichen, das haben ähnliche Vorgänge der letzten Jahre uns gezeigt.

Während zwei oder drei der Reformer noch verbissen für
die Durchsetzung kämpfen, wobei sie freilich nie mit inhaltlichen Gründen, also etwa mit der Qualität der Regeln argumen-
tieren, haben sich zahlreiche andere schon längst von dem ge-
meinsamen Werk distanziert. Sogar die insgesamt sehr
maßvollen Schweizer Gallmann und Sitta schreiben in ihrem
Handbuch:

„Wir haben beide über Jahre hinweg an der inhaltlichen
Vorbereitung der Reform unserer Rechtschreibung mitge-
wirkt, sind also ein Stück weit auch für das Ergebnis der

Arbeit verantwortlich. Trotzdem können wir nicht sagen, wir seien mit dem Ergebnis zufrieden. Insgesamt haben wir mehr gewollt, einiges wollten wir anders, manches, was jetzt gilt, wollten wir nicht. Anders gesagt: Wir sind beide nicht der Meinung, dass die Neuregelung gut oder gar vollkommen ist; sie ist aber gewiss besser als die alte Regelung. Und mehr war nicht zu erreichen."[131]

Und noch einiges mehr in dieser Art, nebst Hinweisen auf unterschiedliche Auffassungen unter den Reformern selbst. – Nun, von Menschenwerk Vollkommenheit zu erwarten, ist niemandem eingefallen, aber „gut" sollte eine Reform, die solche gewaltigen Auswirkungen auf viele Millionen Menschen hat, schon genannt werden dürfen, zumal sie doch eine systematische Arbeit gegen den vermeintlichen Wildwuchs des Duden setzen wollte. Die beiden Autoren kommen übrigens an mehreren Stellen ihres Handbuchs zu dem Urteil, diese oder jene Regel sei „nicht schultauglich". Das ist einigermaßen verräterisch, nachdem uns über die Jahre hin immer eingeredet worden war, die Reform sei in erster Linie für die Schule gedacht.

Anfang 1997 brachten die Reformer selbst einen Sammelband[132] heraus, der – so der Untertitel – Arbeiten zur „Begründung und Kritik" der Neuregelung enthält. „Kritik"! Während die übrige Bevölkerung die Reform hinzunehmen hat und die Wörterbuchmacher von den Kultusministern dazu angehalten werden, die neuen Regeln pünktlich zu befolgen, erlauben sich die Verfasser, Kritik an ihrem eigenen Werk zu üben, als hätten sie dazu nicht jahrzehntelang Zeit gehabt! Hier hätten wohl die Reformgegner alles Recht, ihnen ein „Zu spät!" zuzurufen.

Dabei scheinen auch alte Konflikte wieder aufzubrechen. Der Reformer Klaus Heller äußert sich in einem Zeitungsartikel „Wider den orthographischen Konservatismus" sehr ironisch über jene, die sich nun zu Wort melden, weil sie „sich nicht damit abfinden können, dass ihre Ansichten im nationalen oder internationalen Rahmen nicht konsensfähig waren." Das richtet sich offenbar gegen Kollegen wie Horst H. Munske, der seine im Arbeitskreis überstimmten, inhaltlich weitaus besseren Alternativvorschläge zur Groß- und Kleinschreibung in mehreren Aufsätzen und auch in jenem neuen Sammelband dem Urteil der sachverständigen Öffentlichkeit unterbreitet hat. Ähnliches könnte man von den Gegenvorschlägen Dieter Herbergs und Peter Eisenbergs sagen, die seinerzeit überstimmt, übergangen oder anderweitig ausgebootet worden waren. Wer das Buch aufmerksam liest, gewinnt den Eindruck: Der Abriß der Reformruine schreitet unaufhaltsam fort.

Keiner der Reformer, ob er nun von der Reform profitiert oder nicht, hat es jedoch bis heute über sich gebracht, öffentlich zu erklären, was doch jeder aufmerksame Beobachter sich an den Fingern einer Hand ausrechnen kann: daß die neuen Wörterbücher, Lehrbücher, Schulbücher allesamt in den Müll gehören und daß es unverantwortlich ist, an den Schulen eine Neuregelung einzuführen, die demnächst durchgreifend geändert werden **muß**. Als die endlich einberufene zwischenstaatliche Kommission Ende März 1997 zusammentrat, ließ sie sich, wie zu hören ist, von dem eigens angereisten KMK-Vorsitzenden Wernstedt darauf festlegen, daß die Regeln nicht angetastet werden dürfen. Die Herren müssen also versuchen, den Bären zu waschen, ohne ihm den Pelz naß zu machen. Obwohl die versammelten Reformer (bis auf zwei) wissen, daß das ganz unmöglich ist, widersetzte sich keiner von ihnen dieser für jeden Wissenschaftler äußerst demütigenden Vorgabe. Dabei spielt natürlich auch eine Rolle, daß jeder Eingriff in die Regeln zu Neuverhandlungen zwischen den beteiligten Staaten und Ländern führen müßte und daß dies nicht nur das Eingeständnis des Scheiterns, sondern das Ende der Reform bedeuten würde. Deshalb wird man versuchen, sich bis zum 1. August 1998 durchzumogeln und erst dann die unabweisbar notwendigen Eingriffe vorzunehmen. Zuvor soll eine Liste mit Klarstellungen angefertigt und ausgegeben werden, um die Wörterbücher auf Vordermann zu bringen. Das böse Erwachen der Käufer läßt sich auf diese Weise aber nicht verhindern.

Der schöne Plan könnte allerdings auch am Deutschen Bundestag scheitern, der aufgrund eines am 18. 4. 1997 eingebrachten interfraktionellen Antrags darüber nachdenkt, ob er für seinen unmittelbaren Einflußbereich – also die Amtssprache der Bundesrepublik Deutschland – den Vollzug der Reform ablehnen soll. Auch dies wäre selbstverständlich das Ende der Reform. Österreich und die Schweiz haben schon signalisiert, daß sie darüber nicht unfroh wären.

Zukunftsaussichten

Bisher ist in Wirklichkeit nicht viel geschehen, um die neue Rechtschreibung in den Köpfen zu verankern. An den Schulen wird allenfalls die neue s-Schreibung geübt und die Trennregeln zu *st* und *ck*; einige Klassen beschäftigen sich mit *Gämsen, Zierrat* und, wie ich einem Übungsbuch entnehme, durchaus auch mit *Schlammmassen.* Das fällt kaum ins Gewicht, wenn man an die mahnenden, ausdrücklich die neue Rechtschreibung einschließenden Worte der Reformer denkt:

„Das Erlernen der Rechtschreibung ist ein langer Prozeß, der nicht in vier, fünf Jahren abgeschlossen ist."[133]

Von den Mysterien der Getrenntschreibung (*das weitaus nichts Sagendste* usw.) haben die meisten Lehrer und Schüler noch keine Ahnung.

Es sind einige Millionen neue Rechtschreibwörterbücher

und andere Materialien gekauft worden, die aber aus den darge-
stellten Gründen ohnehin unbrauchbar sind. Eine Kommission
ist eingesetzt worden, deren erste Aufgabe – im Gegensatz zu
ihrer ursprünglichen Zweckbestimmung – nunmehr erklärtermaßen darin bestehen wird, das Regelwerk „nachzubessern".
Zwar behauptet das „Institut für deutsche Sprache", das die auf-
getretenen Probleme in gewohnter Weise herunterspielt, in einer Presseerklärung vom 22.1.1997:

> „Anders als in gerade verbreiteten irreführenden Meldun-
> gen behauptet wird, hat diese Kommission nicht den Auf-
> trag das beschlossene Reformwerk zu korrigieren."

Der Präsident des Instituts schrieb mir jedoch am gleichen
Tag:

> „Die Zwischenstaatliche Kommission (...) wird viel Arbeit
> bekommen und sich mit berechtigter Kritik und Inkonse-
> quenzen oder Unklarheiten auseinandersetzen müssen."

Daß dem so ist, kann keinem Beobachter zweifelhaft sein.
Es wird zumindest in einigen Bereichen an die Fundamente
gehen. Die bisher ausgelieferten Wörterbücher werden in jedem
Falle überholt und nutzlos sein, die Käufer werden sich mit
Recht hereingelegt fühlen. Immerhin könnten sie aus ihrem
Fehler eine Lehre ziehen, und die wäre sicherlich ihre 19,80 DM
wert oder auch das Doppelte. Der volkswirtschaftliche Schaden,
den die Reform selbst verursacht, wird ungleich größer sein. Sogar Banken und Versicherungskonzerne fangen derzeit an, über
die absehbaren Kosten nachzudenken. Die Kultusministerien
könnten aus der Geschichte lernen, daß Rechtschreibungswör-
terbücher für den Schulgebrauch in Zukunft ebenso wie bisher
schon die Schulbücher einem Zulassungsverfahren unterzogen
werden müssen. Das ist die logische Folge der Aufhebung des
Duden-Privilegs.

Hermann Zabel hat mehrfach mit Genugtuung festgestellt:

„Nachdem das Orthografie-Monopol des Rechtschreib-Dudens weggefallen ist, hat der Wettstreit der Verlage um das beste Rechtschreibwörterbuch begonnen. Den Kaufinteressenten kann es nur recht sein!"[134]

Als er dies schrieb, hatte er sich allerdings schon durch Kritik am Duden und überschwengliches Lob der äußerst fehlerhaften Bertelsmann-Rechtschreibung („verlegerische Pionierleistung"!) bei der Konkurrenz empfohlen. Sein im September 1996 verschicktes Rundschreiben, worin er verlangte, daß der Duden an Schulen nicht zugelassen werden dürfe, lag offenbar auch der grobschlächtigen Intervention des hessischen Kultusministers zugrunde, der in einer sachlich falschen Erklärung den Duden anprangerte und statt dessen die (übrigens von einem Parteifreund herausgegebene) Bertelsmann-Rechtschreibung über den grünen Klee lobte.[135]

Was den Duden und sein Privileg betrifft, so macht die Abneigung dagegen geradezu blind. Dieter E. Zimmer schreibt in seiner – ebenfalls von Zabel beeinflußten – vergleichenden Rezension beider Wörterbücher, daß der Duden die alten Trennmöglichkeiten bei *Helikopter* und *Parodie* „unterschlägt" – „ein klarer Regelverstoß".[136] In Wirklichkeit gibt der Duden in beiden Fällen die neue Schreibung und einen roten Regelverweis auf die alte. Daß Bertelsmann die alte Trennung von *Helikopter* überhaupt nicht verzeichnet, entschuldigt Zimmer als „Vergeßlichkeit". Aber dasselbe gilt für unzählige Fälle, wo der Duden gerade die Trennung gewissenhafter dokumentiert als Bertelsmann. Zimmer schreibt auch, *Newage* dürfe laut Bertelsmann weiterhin *New Age* geschrieben werden, während man laut Duden *Newage* schreiben müsse. In Wirklichkeit gibt Duden beide Möglichkeiten an. Auch stimmt es nicht, daß Duden nur den *Andersdenkenden* kenne, Bertelsmann auch den *anders*

Denkenden. Dieser steht bei Duden wenige Zeilen höher, und
es wird eigens darauf verwiesen. Zimmer beklagt, daß zwar
Bertelsmann, nicht aber Duden neben *umso* auch noch die alte
Schreibung *um so* verzeichne, „die ja noch etliche Jahre gelten
soll". Aber da handelt es sich um ein grundsätzliches Mißver-
ständnis. Natürlich gilt die **gesamte** alte Rechtschreibung noch
bis 2005, aber *um so* ist keine zulässige Variante von *umso*, sondern wird zur Gänze durch dieses ersetzt. Daß es sich bei *umso*
insgesamt um eine völlige Neuschreibung handelt, wird durch
den Rotdruck angezeigt, so daß der Duden hier korrekt verfährt. Zimmer verwechselt unbegrenzt zulässige **Varianten** mit
für die Übergangszeit noch zulässigen **alten Schreibungen.**

Angesichts des herrschenden und sich ständig vergrößern-
den Rechtschreibchaos erhebt sich die Frage, ob zwischenstaatliche Kommissionen sowie ein einheitliches amtliches Regelwerk überhaupt notwendig sind. Mit der gegenwärtigen Rechtschreibreform wird zwar die – bis zu einem gewissen Grade
immer fiktive – Einheitlichkeit der Rechtschreibung endgültig
zerstört, teils durch die Zulassung zahlloser Varianten, teils
durch die Unzulänglichkeit der Regelformulierung, deren Folgen eben die vielen verschiedenen Rechtschreibwörterbücher
sind. Andererseits gibt es keine zentrifugalen Kräfte, die auf
einen Zerfall der Rechtschreibeinheit hinwirken. Jedermann ist
froh, wenn er weiß, wie er schreiben soll, am allermeisten das
Druckgewerbe und die Schule. Extravaganzen sind natürlich
jederzeit möglich, und manches davon mag der Keim eines
künftigen Schreibbrauchs werden.

Hier könnte man zum Beispiel an das Aufkommen von
Eigenwilligkeiten wie den Binnengroßbuchstaben (*BahnCard*
usw.) denken. Gallmann und Sitta werfen gerade aus diesem
Anlaß eine interessante Grundsatzfrage auf. Zu den von ihnen
vorgeführten Schreibweisen *Schüler/innen* und *SchülerInnen*
bemerken sie:

„Die Varianten (4) und (5) sind in der Neuregelung nicht ausdrücklich aufgeführt. Bekanntlich ist aber nicht alles verboten, was nicht ausdrücklich erlaubt ist . . ."[137]

Dem muß man widersprechen. Der Unterschied zwischen der Rechtschreibordnung und dem Strafgesetzbuch, an das die Verfasser hier offenbar denken, ist gerade der, daß das Strafgesetz nur **verbietet**, während die Rechtschreibung nur positiv **gebietet**, wie man etwas zu schreiben hat, **wenn** man es schreiben will. Könnte man es auch anders schreiben, dann wäre offenbar jede Regelung überflüssig. Es kann **Wörter** geben, die nicht im Rechtschreibwörterbuch stehen (die weitaus meisten stehen nicht darin!), es kann aber keine **Schreibweisen** geben, für die sich in Regelwerk und Wörterverzeichnis keine Anleitung findet. Hierin gleicht die Sprachnorm der Mathematik: Ausdrücke, die nicht nach den Regeln konstruierbar sind, existieren einfach nicht. – Die fehlerpädagogische Vorgehensweise bleibt von solchen Erwägungen natürlich unberührt.

Unhaltbar ist die Interpretation, die sich in jener Verteidigungsschrift der beiden Autoren für den Duden findet. Sie meinen dort, unterschiedliche Anwendungen des Regelwerks auf die Sprache seien die natürliche Folge der Reform und keineswegs zu beanstanden. Neben strengen Regeln, die jedes Wörterbuch berücksichtigen müsse, gebe es Kann-Regeln sowie freigegebene Bereiche, welche von den Wörterbüchern unterschiedlich ausgelegt und verzeichnet werden könnten. Das ist unzutreffend. Ein Wörterbuch, das beispielsweise der Korrekturarbeit in der Schule zugrunde gelegt werden soll, muß die Kann-Regeln und die offenen Regeln **als solche** verzeichnen, auch in der Anwendung auf die einzelnen Wörter. In welcher Form das geschieht (als Verweis auf die Regeln oder in direkter Anführung einzelner Schreibungen), ist selbstverständlich dem Wörterbuch überlassen. Mit einer **Auswahl** des Zugelassenen können sich die Benutzer nicht zufriedengeben, da sie nicht nur

175

wissen wollen, was auf jeden Fall richtig ist, sondern auch, was falsch ist.

Die Reformer widersprechen sich aber auch selbst, wenn sie die Beliebigkeitsklauseln und die Variantenzulassung als didaktisch relevant ausgeben, nämlich als Bestandteil eines liberaleren Umgangs mit der Rechtschreibung. Ein Spielraum innerhalb der Regel ist nicht dasselbe wie ein Spielraum beim Umgang mit der Regel. Nur wenige haben bisher diesen Taschenspielertrick durchschaut. Nach Götze ist es auch ein Ziel der Reform, „der Überbewertung der Rechtschreibung in Gesellschaft und Schule"[138] entgegenzutreten. Es ist nicht klar, wieso dieses **didaktische** Ziel durch eine Änderung der Schreibregeln erreicht werden könnte, da es ja offenbar nur den **Umgang** mit den Regeln und die Benotungspraxis betrifft. Vielleicht denkt der Verfasser, die neue Rechtschreibung lasse derartige Mengen von Varianten ohne jeden Bedeutungsunterschied zu, daß der so entstehende Eindruck der Beliebigkeit jeder strengeren Handhabung des Regelwerks entgegenwirken muß: Wer fragt im allgemeinen Chaos noch nach Regeln! Daß damit der Zustand an unseren Schulen für die nächsten acht Jahre zutreffend vorausgesagt ist, zeichnet sich schon jetzt ab.

Rechtschreiben als Problemlösen

Wir brauchen also eine Sichtung des alten Regelbestandes auf seine Schultauglichkeit hin. Wie das aussehen könnte, sei zuerst an einem Beispiel erläutert, das der bayerische Kultusminister in seiner Regierungserklärung zur Rechtschreibreform mit beifallheischender Ironie angeführt hat:

> „Die Sätze *Setzen Sie sich dort drüben hin, und verhalten Sie sich ganz ruhig!* werden durch ein Komma getrennt, die Sätze *Seien Sie bitte so nett und geben Sie mir das Buch!* aber nicht."

Die neue Rechtschreibung sagt dazu:

„Bei gleichrangigen Teilsätzen, die durch *und*, *oder* usw. verbunden sind, kann man ein Komma setzen, um die Gliederung des Ganzsatzes deutlich zu machen." (§ 73)

Oben wurde schon gesagt, daß diese Kann-Bestimmung eine leere Phrase ist, da nirgendwo etwas Näheres über den Begriff der „Gliederung des Ganzsatzes" zu erfahren ist. Für den Schulgebrauch wäre hier die Grundregel anzunehmen, die in der alten Duden-Formulierung etwa so lautet:

„Das Komma trennt vollständige Hauptsätze, auch wenn sie durch Bindewörter (*und*, *oder*, *beziehungsweise*, *weder – noch*, *entweder – oder*) verbunden sind."[139]

Dies ist immer richtig (auch wenn die Formulierung nicht glücklich ist, da das Komma die Glieder einer Aufzählung nicht **trennt**, sondern im Gegenteil **verbindet**). Hinzugefügt war in der alten Regelung – im „Kleingedruckten", wie man hier buchstäblich sagen muß:

„Aber bei kurzen und eng zusammengehörigen Hauptsätzen, die durch *und* bzw. *oder* verbunden sind: Er grübelte und er grübelte. Er lief oder er fuhr. Tue recht und scheue niemand!"

Für anspruchsvollere Benutzer wäre genauer darzustellen, in welchem Sinne die kommalosen Satzreihen gerade nicht zwei völlig verschiedene Sachverhalte darstellen, sondern aufeinander bezogene. (Man ist nicht erstens nett und gibt zweitens das Buch, sondern das Nettsein besteht gerade darin, daß man das Buch gibt.) Schüler brauchen das nicht zu wissen, könnten es aber durchaus bald intuitiv richtig machen. Aus diesen Überlegungen ergibt sich von selbst, wie ein Lehrer mit dergleichen umzugehen hat. Die Neuregelung hingegen läßt ihn mit einer ganz vagen Bestimmung allein, die außerdem ihren heimlichen

Bezug auf die alte Regelung nicht ganz verleugnen kann, denn sonst könnte sie ganz wegfallen.

Noch subtiler ist das folgende Beispiel: Nach der alten Dudennorm steht in folgendem Satz kein zweites Komma: *Als der Mann den Hof betrat, bellte der Hund und schnatterten die Gänse.* Das ist verhältnismäßig leicht zu lernen. In der folgenden Variante ist hingegen ein Komma zu setzen: *Als der Mann den Hof betrat, bellte der Hund, und die Gänse schnatterten.* Rein grammatisch ist der Fall klar, aber für einen sehr fortgeschrittenen, ja professionellen Schreiber legt sich entgegen der Dudenvorschrift die Weglassung des zweiten Kommas auch in diesem Fall nahe; denn während die syntaktische Abhängigkeit des letzten Teilsatzes aufgehoben ist (im Sinne jener ungemein häufigen „syntaktischen Ruhelage", wie der berühmte Germanist Otto Behaghel es vor langer Zeit einmal nannte), bleibt die inhaltliche Abhängigkeit natürlich bestehen, also: *Als der Mann den Hof betrat, bellte der Hund und die Gänse schnatterten.* Das dürfte hier die beste Schreibung sein. Sie verstößt gegen den Buchstaben der Regel, respektiert aber ihren Geist, und das ist denn doch wohl die höchste Form der Anerkennung eines ungemein fein geschliffenen Instruments.

Oder nehmen wir die Groß- und Kleinschreibung. Die Großschreibung *zum Besten geben* ist zweifellos „richtig", denn sie kann sich auf die Artikelprobe berufen, die das *Beste* als Substantiv ausweist. Noch „richtiger", d. h. besser, ist allerdings die Kleinschreibung, denn sie gibt dem Leser sofort zu verstehen, daß hier gar nicht von einem „Besten" die Rede ist, sondern nur ein Synonym von *erzählen* vorliegt. Die Artikelprobe beseitigt bloß eine Unsicherheit auf seiten des Schreibenden, und die kann dem Leser gleichgültig sein. Das Leserinteresse hat Vorrang, das ist das A und O der Rechtschreibung, folglich auch ihrer Didaktik. Der Lehrer wird also die Großschreibung lange Zeit unkommentiert anerkennen, mit sehr fortgeschrittenen

Schülern jedoch auch die Vorzüge der Kleinschreibung erörtern. Beide Schreibungen sind zulässig, aber sie sind nicht gleichwertig und keinesfalls „beliebig". Hier sieht man, worin sich eine wahrhaft liberale und pädagogisch verantwortliche Lösung von der Scheingroßzügigkeit der Reform unterscheidet. „Schreibt wie ihr wollt!" – Das ist nicht liberal, es ist einfach nur populistisch, geringschätzig und – bezogen auf die Schreibkunst in einer alten Kultursprache – barbarisch.

Man erkennt an diesen wenigen Beispielen übrigens, daß die Orthographie keineswegs nur „richtig" und „falsch" kennt, sondern in weiten Bereichen durchaus auch „gut" und „besser". Nur „beliebig" kennt sie ganz und gar nicht – wie die Sprache überhaupt.

Die Zeit danach

Was soll werden, wenn der Scherbenhaufen nach dem gegenwärtigen „Zerstörungswerk" (wie ein ehemaliges Mitglied des Internationalen Arbeitskreises es nannte) beseitigt ist? Die Wiederherstellung des Duden-Privilegs ist nicht vorstellbar und auch nicht wünschenswert. Meiner Ansicht nach bietet sich folgende Lösung an: Die Anfertigung von Wörterbüchern ist seit je eine Aufgabe für Akademien gewesen. Wir haben die Deutsche Akademie für Sprache und Dichtung, der es gut anstünde, sich stärker als bisher mit der deutschen Sprache zu beschäftigen. Sie könnte ein orthographisches Akademie-Wörterbuch anbieten. Es sollte wirklich nur ein orthographisches Wörterbuch ohne Bedeutungsangaben usw. sein, ließe sich daher ohne großen Aufwand in kurzer Zeit anfertigen und stünde dann jedermann zu Nachdruck, didaktischer Bearbeitung und Vermarktung zur Verfügung. Ein solches Werk würde ganz ohne staatliche Verordnung eine natürliche Anziehungskraft entwikkeln. Die allgemein übliche Rechtschreibung, wie sie in den Schulen zu vermitteln ist, wäre in einem unumstrittenen, die intellektuelle und nicht die staatliche Autorität widerspiegelnden Buch niedergelegt, das natürlich außerdem von den Unterrichtsbehörden für den Schulgebrauch verbindlich gemacht werden könnte.

Wenn Augst das Regelwerk der Textsorte „Erlaß" zurechnet, dann trifft er die Problematik dieses Textes sehr genau. Denn das Regelwerk enthält einerseits eine „Beschreibung der Regularitäten"[140], also eines Gegenstandsbereichs, der schon vor dem „Erlaß" existiert und dessen Beschreibung eine **wissenschaftliche** Aufgabe ist, und andererseits kommt es mit staatlicher Autorität daher, kann also die Akzeptanz einer bestimmten Beschreibung erzwingen. Die verordnete Großschreibung in *jemandem Feind sein* zum Beispiel läuft auf die offensichtlich falsche Behauptung hinaus, daß *Feind* hier ein Substantiv sei, und dies soll jeder Lehrer, jeder Schüler und jeder in Behörden Beschäftigte glauben müssen, wenn er Sanktionen vermeiden will. Die Verwaltung ewiger Wahrheiten ist aber nicht Sache eines demokratischen Staates. Freie Menschen regeln ihre Rechtschreibung auf andere Weise.

Zusammenfassung

Als der pädagogische Wahn alle gesellschaftlichen Belange unter den Gesichtspunkt der Schule zu zwingen versuchte, ging die an sich selbstverständliche Einsicht verloren, daß die Schrift nicht zum Schreiben da ist. Dies erklärt den Geburtsfehler der Reform: Sie fragt noch immer, wie vor 25 Jahren, in schülerhafter Weise danach, wie man den Schreibenden vor Fehlern bewahren kann. Eine reifere Betrachtungsweise sieht die Aufgabe einer kultivierten Orthographie in erster Linie darin, dem Leser einen bestimmten Inhalt zu übermitteln. Aus dieser Verkennung der Prioritäten resultiert die Bedeutungsfeindlichkeit der Reform und damit eine ganze Reihe einzelner Unzulänglichkeiten. Statt sich über die im Laufe der Jahrhunderte gewachsenen Intuitionen der Sprachgemeinschaft Gedanken zu machen, die allesamt auf die immer feinere Unterscheidung der Bedeutungen und damit auf die Berücksichtigung des Lesers gerichtet waren, ebnet man alle diese Subtilitäten zugunsten des Schreibenden, vor allem des vielberufenen „Wenigschreibers" ein. Aus Wahlmöglichkeiten, die auf unterschiedliche Bedeutungen zu beziehen waren, wurden allenfalls Varianten, die gleichermaßen als korrekt gelten sollten. Diese kulturfeindliche Vernichtung von spezifischen Ausdrucksmöglichkeiten der Schriftsprache wird unter dem irreführenden Etikett einer liberalen Deregulierung verkauft. Statt die Schreibung zu verbessern, wollten die Reformer sie nur erleichtern, aber selbst dies ist ihnen nicht gelungen – oder nur zu unzumutbaren Kosten für den Leser.

Brauchen wir überhaupt eine staatliche Zwangsbewirtschaftung der Sprache? Der Staat, der im Kaiserreich die orthographische „Regelungskompetenz an sich gezogen hat", könnte sie auch wieder abgeben. Er sollte es tun.

ANHANG

Gültig:

das – daß, Mißstand
hassen, Haß; schießen, Schuß
See-Elefant, Stillegung, hellicht
rauh (Rauchwerk, ‚Pelzwerk')
Gemse, behende, Stengel, Schneuzen
Greuel, greulich, *aber* gräulich (*von* grau)
Quentchen, Mesner, Tolpatsch
belemmert, einbleuen (*wie* Pleuelstange)
Zierat (*wie* Heimat)
plazieren/placieren, numerieren
Desktop publishing,
  Standing ovations
schwer fallen, *aber* schwerfallen
aneinander hängen, *aber* aneinanderhängen
danebenschreiben, darunterschreiben
hintenüberfallen, vornüberfallen
freisprechen, heiligsprechen
übrigbleiben
(Uhr) richtig stellen, (These) richtigstellen
stehenbleiben (‚anhalten'), *aber*
  stehen bleiben (‚weiterhin stehen')
schwerbehindert, schwerstbehindert
allgemeinbildende Schulen
allgemein gültig, *aber* allgemeingültig
fleischfressende Pflanzen
aufsehenerregend, aufsehenerregender
blutsaugend, blutstillend
vielsagend; das Nichtssagendste
weit tiefschürfender, vertrauenerweckendste

Geplant:

das – dass, Missstand
hassen, Hass; schießen, Schluss
Seeelefant/See-Elefant, Stilllegung, helllicht
rau (*aber* Rauchwerk)
Gämse, behände, Stängel, schnäuzen
Gräuel, gräulich (*in beiden Bedeutungen*)
Quäntchen, Messner, Tollpatsch
belämmert, einbläuen (*wie* blau)
Zierrrat (*wie* Vorrat)
platzieren; nummerieren
Desktoppublishing,
   Standingovations *oder* Standing Ovations
nur noch schwer fallen
nur noch aneinander hängen
danebenschreiben, *aber* darunter schreiben
hintenüberfallen, *aber* vornüber fallen
freisprechen, *aber* heilig sprechen
übrig bleiben („wie artig grüßen")
nur noch richtig stellen

nur noch stehen bleiben
schwer behindert, *aber* schwerstbehindert
allgemein bildende Schulen
nur noch allgemein gültig
Fleisch fressende Pflanzen
Aufsehen erregend, Aufsehen erregender
Blut saugend, *aber* blutstillend
viel sagend; das nichts Sagendste
weit tief schürfender, Vertrauen erweckendste

185

weitgehend neu, Sitzengebliebene
diensthabend, der Diensthabende
hartgesottene Manager
ein frischgebackenes Paar
die Braungebrannten, die Selbstgedrehten
selbstgebackenes Brot, selbstgestillt
rötlichbraun (*wie* grünblau)
im allgemeinen (i.a.), *aber* im Allgemeinen
zum besten geben, den kürzeren ziehen
des längeren, seit längerem
der blaue Planet
das Hohe Haus, die Große Strafkammer
so leid es mir tut, das tut mir weh
hier tut Erste Hilfe not
 heute abend
 heute früh
 Dienstag abend
Gut und Böse unterscheiden, jenseits von
 Gut und Böse
Er war mir spinnefeind.
Er liebte sie, und ihre Mutter hatte auch nichts dagegen.
„Kommst du?" fragte sie.
Er sah, den Schirm in der Hand, tatenlos zu.
Ek-ke, kon-struktiv, Ab-usus, Teen-ager,
 all-abendlich, voll-enden, vor-ab

weit gehend neu, sitzen Gebliebene
Dienst habend, der Dienst Habende/Diensthabende
hart gesottene Manager
ein frisch gebackenes Paar
die braun Gebrannten, die selbst Gedrehten
selbst gebackenes Brot, selbst gestillte Kinder
rötlich braun (*wie* schrecklich nervös), *aber* grünblau
nur noch im Allgemeinen (i.A.)
zum Besten geben, den Kürzeren ziehen
des Längeren, *aber* seit längerem
der Blaue Planet
das hohe Haus, *aber* die Große Strafkammer
so Leid es mir tut, *aber* das tut mir weh
hier tut erste Hilfe Not
    heute Abend
    morgen früh
    Dienstagabend
Gut und Böse unterscheiden, jenseits von
  gut und böse
Er war mir Spinnefeind.
Er liebte sie und ihre Mutter hatte auch nichts dagegen.
„Kommst du?", fragte sie.
Er sah den Schirm in ihrer Hand tatenlos zu.
E-cke, *auch* kons-truktiv, A-busus, Tee-nager,
  alla-bendlich, vol-lenden, vo-rab

§ 34

> Partikeln, Adjektive oder Substantive können mit Verben trennbare
> Zusammensetzungen bilden. Man schreibt sie nur im Infinitiv, im
> Partizip I und im Partizip II sowie im Nebensatz bei Endstellung des
> Verbs zusammen.

Zu Verbindungen mit dem Verb *sein* siehe § 35.

Dies betrifft

(1) Zusammensetzungen aus Partikel + Verb mit den folgenden ersten
Bestandteilen:

ab- (Beispiele: *abändern, abbauen, abbeißen, abbestellen, abbiegen*),
*an-, auf-, aus-, bei-, beisammen-, da-, dabei-, dafür-, dagegen-, daher-,
dahin-, daneben-, dar-, d(a)ran-, d(a)rein-, da(r)nieder-, darum-,
davon-, dawider-, dazu-, dazwischen-, drauf-, drauflos-, drin-, durch-,
ein-, einher-, empor-, entgegen-, entlang-, entzwei-, fort-, gegen-,
gegenüber-, her-, herab-, heran-, herauf-, heraus-, herbei-, herein-,
hernieder-, herüber-, herum-, herunter-, hervor-, herzu-, hin-, hinab-,
hinan-, hinauf-, hinaus-, hindurch-, hinein-, hintan-, hintenüber-,
hinterher-, hinüber-, hinunter-, hinweg-, hinzu-, inne-, los-, mit-, nach-,
nieder-, über-, überein-, um-, umher-, umhin-, unter-, vor-, voran-,
vorauf-, voraus-, vorbei-, vorher-, vorüber-, vorweg-, weg-, weiter-,
wider-, wieder-, zu-, zurecht-, zurück-, zusammen-, zuvor-, zuwider-,
zwischen-*

Auch: *auf- und abspringen, ein- und ausführen, hin- und hergehen*
usw.

E1: Aber als Wortgruppe: *dabei* (bei der genannten Tätigkeit) *sitzen, daher*
(aus dem genannten Grund) *kommen, wieder* (erneut, nochmals) *gewinnen,
zusammen* (gemeinsam) *spielen* usw.

E2: Zu den trennbaren Zusammensetzungen gehören auch Zusammensetzungen mit *haben* und *werden* wie: *innehaben, vorhaben, voraushaben; inne-
werden.* Zu Verbindungen mit dem Verb *sein* siehe § 35.

(2) Zusammensetzungen aus Adverb oder Adjektiv + Verb, bei denen

(2.1) der erste, einfache Bestandteil in dieser Form als selbständiges
Wort nicht vorkommt, zum Beispiel:

fehlgehen, fehlschlagen, feilbieten, kundgeben, kundtun, weismachen

(2.2) der erste Bestandteil in dieser Verbindung weder erweiterbar noch
steigerbar ist, wobei die Negation *nicht* nicht als Erweiterung gilt, zum
Beispiel:

bereithalten, bloßstellen, fernsehen, festsetzen (= bestimmen), *freisprechen* (= für nicht schuldig erklären), *gutschreiben* (= anrechnen),
hochrechnen, schwarzarbeiten, totschlagen, wahrsagen (= prophe-
zeien)

Zu Zweifelsfällen siehe § 34 E3.

(3) Zusammensetzungen aus (teilweise auch verblasstem) Substantiv + Verb mit den folgenden ersten Bestandteilen:

heim-	zum Beispiel: *heimbringen, heimfahren, heimführen, heimgehen, heimkehren, heimleuchten, heimreisen, heimsuchen, heimzahlen*
irre-	*irreführen, irreleiten;* außerdem: *irrewerden*
preis-	*preisgeben*
stand-	*standhalten*
statt-	*stattfinden, stattgeben, statthaben*
teil-	*teilhaben, teilnehmen*
wett-	*wettmachen*
wunder-	*wundernehmen*

E3: In den Fällen, die nicht durch § 34(1) bis (3) geregelt sind, schreibt man getrennt. Siehe auch § 34 E4.

Dies betrifft

(1) Partikel, Adverb, Adjektiv oder Substantiv + Verb in finiter Form am Satzanfang, zum Beispiel:

Hinzu kommt, dass ...

Fehl ging er in der Annahme, dass ...

Bereit hält er sich für den Fall, dass ...

Wunder nimmt nur, dass ...

(2) (zusammengesetztes) Adverb + Verb, zum Beispiel:

abhanden kommen, anheim fallen (geben, stellen), beiseite legen (stellen, schieben), fürlieb nehmen, überhand nehmen, vonstatten gehen, vorlieb nehmen, zugute halten (kommen, tun), zunichte machen, zupass kommen, zustatten kommen, zuteil werden

Zu Fällen wie *zu Hilfe (kommen)* siehe § 39 E2(2.1); zu Fällen wie *infrage (stellen)/in Frage (stellen)* siehe § 39 E3(1).

aneinander denken (grenzen, legen), aufeinander achten (hören, stapeln), auseinander gehen (laufen, setzen), beieinander bleiben (sein, stehen), durcheinander bringen (reden, sein)

auswendig lernen, barfuß laufen, daheim bleiben; auch: *allein stehen, (sich) quer stellen*

abseits stehen, diesseits/jenseits liegen; abwärts gehen, aufwärts streben, rückwärts fallen, seitwärts treten, vorwärts blicken

(3) Adjektiv + Verb, wenn das Adjektiv in dieser Verbindung erweiterbar oder steigerbar ist, wenigstens durch *sehr* oder *ganz,* zum Beispiel:

bekannt machen (etwas noch bekannter machen, etwas ganz bekannt machen), fern liegen (ferner liegen, sehr fern liegen), fest halten, frei sprechen (= ohne Manuskript sprechen), genau nehmen, gut gehen, gut schreiben (= lesbar, verständlich schreiben), hell strahlen, kurz treten, langsam arbeiten, laut reden, leicht fallen, locker sitzen, nahe bringen, sauber schreiben, schlecht gehen, schnell laufen, schwer nehmen, zufrieden stellen

Fälle, in denen der erste Bestandteil eine Ableitung auf *-ig, -isch, -lich* ist, zum Beispiel:

lästig fallen, übrig bleiben; kritisch denken, spöttisch reden; freundlich grüßen, gründlich säubern

(4) Partizip + Verb, zum Beispiel:

gefangen nehmen (halten), geschenkt bekommen, getrennt schreiben, verloren gehen

(5) Substantiv + Verb, zum Beispiel:

Angst haben, Auto fahren, Diät halten, Eis laufen, Feuer fangen, Fuß fassen, Kopf stehen, Leid tun, Maß halten, Not leiden, Not tun, Pleite gehen, Posten stehen, Rad fahren, Rat suchen, Schlange stehen, Schuld tragen, Ski laufen, Walzer tanzen

(6) Verb (Infinitiv) + Verb, zum Beispiel:

kennen lernen, liegen lassen, sitzen bleiben, spazieren gehen

E4: Lässt sich in einzelnen Fällen der Gruppe aus Adjektiv + Verb zwischen § 34(2.2) und § 34 E3(3) keine klare Entscheidung für Getrennt- oder Zusammenschreibung treffen, so bleibt es dem Schreibenden überlassen, ob er sie als Wortgruppe oder als Zusammensetzung verstanden wissen will.

Zu den Wortgruppen mit einem Partizip als letztem Bestandteil wie *abhanden gekommen, sitzen geblieben* siehe § 36 E1(1).

Zu den Substantivierungen wie *das Abhandenkommen, das Autofahren, das Sitzenbleiben* siehe § 37(2).

§ 35

Verbindungen mit *sein* gelten nicht als Zusammensetzung. Dementsprechend schreibt man stets getrennt.

Beispiele:

außerstande sein (auch: *außer Stande sein;* § 39 E3(1)), *beisammen sein (wenn sie beisammen sind), da sein, fertig sein, inne sein, los sein, pleite sein* (siehe auch § 56(1)), *vonnöten sein, vorbei sein, vorhanden sein, vorüber sein, zufrieden sein, zuhanden sein, zumute sein* (auch: *zu Mute sein;* § 39 E3(1)), *zurück sein, zusammen sein*

2 Adjektiv und Partizip

Für Partizipien gelten dieselben Regeln wie für Adjektive; zu diesen werden hier auch die Kardinal- und die Ordinalzahlen gerechnet.

Bei den Adjektiven/Partizipien sind zu unterscheiden

(1) Zusammensetzungen wie: *angsterfüllt, altersschwach, schwerstbehindert, wehklagend, blaugrau, bitterböse, dreizehn, siebzehnte*

(2) Wortgruppen wie: *abhanden gekommen, Rat suchend, sitzen geblieben, riesig groß, blendend weiß, mehrere Jahre lang; zwei Milliarden*

Siehe im Einzelnen § 36.

Zu Fällen wie *nicht öffentlich/nichtöffentlich* siehe § 36 E2.

§ 36

> Substantive, Adjektive, Verbstämme, Adverbien oder Pronomen können mit Adjektiven oder Partizipien Zusammensetzungen bilden. Man schreibt sie zusammen.

Dies betrifft

(1) Zusammensetzungen, bei denen der erste Bestandteil für eine Wortgruppe steht, zum Beispiel:

angsterfüllt (= von Angst erfüllt), bahnbrechend (= sich eine Bahn brechend), butterweich (= weich wie Butter), fingerbreit (= einen Finger breit), freudestrahlend (= vor Freude strahlend), herzerquickend (= das Herz erquickend), hitzebeständig (= gegen Hitze beständig), jahrelang (= mehrere Jahre lang), knielang (= lang bis zum Knie), meterhoch (= einen oder mehrere Meter hoch), milieubedingt (= durch das Milieu bedingt)

denkfaul, fernsehmüde, lernbegierig, röstfrisch, schreibgewandt, tropfnass; selbstbewusst, selbstsicher

Mit Fugenelement, zum Beispiel: *altersschwach, anlehnungsbedürftig, geschlechtsreif, lebensfremd, sonnenarm, werbewirksam*

(2) Zusammensetzungen, bei denen der erste oder der zweite Bestandteil in dieser Form nicht selbständig vorkommt, zum Beispiel:

einfach, zweifach; letztmalig, redselig, saumselig, schwerstbehindert, schwindsüchtig; blauäugig, großspurig, kleinmütig, vieldeutig

(3) Zusammensetzungen, bei denen das dem Partizip zugrunde liegende Verb entsprechend § 33 bzw. § 34 mit dem ersten Bestandteil zusammengeschrieben wird, zum Beispiel:

wehklagend (wegen wehklagen); herunterfallend, heruntergefallen; irreführend, irregeführt; teilnehmend, teilgenommen

(4) Zusammensetzungen aus gleichrangigen (nebengeordneten) Adjektiven, zum Beispiel:

blaugrau, dummdreist, feuchtwarm, grünblau, nasskalt, taubstumm

Zur Schreibung mit Bindestrich siehe § 45(2).

(5) Zusammensetzungen mit bedeutungsverstärkenden oder bedeutungsmindernden ersten Bestandteilen, die zum Teil lange Reihen bilden, zum Beispiel:

bitter- (bitterböse, bitterernst, bitterkalt), brand-, dunkel-, erz-, extra-, gemein-, grund-, hyper-, lau-, minder-, stock-, super-, tod-, ultra-, ur-, voll-

(6) mehrteilige Kardinalzahlen unter einer Million sowie alle mehrteiligen Ordinalzahlen, zum Beispiel:

*dreizehn, siebenhundert, neunzehnhundertneunundachtzig; der sieb-
zehnte Oktober, der einhundertste Geburtstag, der fünfhunderttau-
sendste Fall, der zweimillionste Besucher*

Beachte aber Substantive wie *Dutzend, Million, Milliarde, Billion,* zum
Beispiel: *zwei Dutzend Hühner, eine Million Teilnehmer, zwei
Milliarden fünfhunderttausend Menschen*

E1: In den Fällen, die nicht durch § 36(1) bis (6) geregelt sind, schreibt man
getrennt. Siehe auch § 36 E2.

Dies betrifft

(1) Fälle, bei denen das dem Partizip zugrunde liegende Verb vom ersten Bestandteil getrennt geschrieben wird, und zwar

(1.1) entsprechend § 35, zum Beispiel:
beisammen gewesen (wegen beisammen sein), zurück gewesen

(1.2) entsprechend § 34 E3(2) bis (6), zum Beispiel:
*abhanden gekommen (abhanden kommen), auseinander laufend, auswendig
gelernt, vorwärts blickend
hell strahlend (hell strahlen), laut redend
gefangen genommen (gefangen nehmen), verloren gegangen
Rat suchend (Rat suchen), Not leidend, Rad fahrend
kennen gelernt (kennen lernen), sitzen geblieben*

(2) Fälle, bei denen der erste Bestandteil eine Ableitung auf *-ig, -isch, -lich*
ist, zum Beispiel:

riesig groß, mikroskopisch klein, schrecklich nervös

Zur Schreibung mit Bindestrich in Fällen wie *wissenschaftlich-technisch* siehe
§ 45(2).

(3) Fälle, bei denen der erste Bestandteil ein (adjektivisches) Partizip ist, zum
Beispiel:

*abschreckend hässlich, blendend weiß, gestochen scharf, kochend heiß,
leuchtend rot, strahlend hell*

(4) Fälle, bei denen der erste Bestandteil erweitert oder gesteigert ist bzw.
erweitert oder gesteigert werden kann, zum Beispiel:

*vor Freude strahlend, gegen Hitze beständig, zwei Finger breit, drei Meter
hoch, mehrere Jahre lang, seiner selbst bewusst; sehr ernst gemeint, leichter
verdaulich
dicht behaart, dünn bewachsen, schwach bevölkert*

E2: Lässt sich in einzelnen Fällen der Gruppen aus Adjektiv, Adverb oder
Pronomen + Adjektiv/Partizip zwischen § 36 und § 36 E1 keine klare Entscheidung für Getrennt- oder Zusammenschreibung treffen, so bleibt es dem
Schreibenden überlassen, ob er sie als Wortgruppe oder als Zusammensetzung
verstanden wissen will, zum Beispiel *nicht öffentlich* (Wortgruppe)/*nichtöf-
fentlich* (Zusammensetzung).

d/D

da [sein(*) § 35]; das Dasein § 37(2)
da⌣bleiben ... § 34(1)
dabei [sitzen ... *(bei der genannten Tätigkeit sitzen)* § 34 E1 ‡ dabeisitzen; sein(*) § 35]
dabei⌣sitzen ... § 34(1) ‡ dabei sitzen
Dach
Dachs
Dackel
Dadaismus
Daddy
dafür [halten *(für jemanden/etwas halten)* § 34 E1 ‡ dafürhalten; sein § 35]
dafür⌣halten *(meinen)* ... § 34(1) ‡ dafür halten ...
dagegen [halten *(gegen die bezeichnete Sache halten)* § 34 E1 ‡ dagegenhalten; sein § 35]
dagegen⌣halten ... *(vorhalten, erwidern)* § 34(1) ‡ dagegen halten
daheim [bleiben ... § 34 E3(2)]
daher [kommen ... *(aus dem bezeichneten Grund kommen)* § 34 E1 ‡ daherkommen]
daher⌣kommen ... § 34(1) ‡ daher kommen
dahin [gehen *(an den genannten Ort gehen)* § 34 E1 ‡ dahingehen; sein § 35]
dahin⌣gehen ... § 34(1) ‡ dahin gehen
dahinter [kommen, stehen, ... § 34 E1]
Dahlie
Dam⌣**hirsch** ...
Damast
Dame
damit
dämlich
Damm
dämmern
Dämon
Dampf
danach; das Danach § 57(5)
Dancing
Dandy

daneben [sein § 35; fallen, gehen, greifen, liegen, schießen ... § 34 E1; stehen *(neben dem bezeichneten Ort stehen)* ... § 34 E1 ‡ danebenstehen]
daneben⌣**benehmen**, ...gehen, ...greifen, ...schießen, ...stehen *(sich nicht hineinversetzen können)* ... § 34(1) ‡ daneben stehen
dänisch, Dänisch
(vgl. deutsch, Deutsch)
dank [ihrer Fürsorge] § 56(4)
Dank [sagen *(ich sage Dank)* § 34 E3(5), auch danksagen § 33 E1]; Gott sei Dank
danksagen *(ich danksage)* § 33(1), auch Dank sagen § 33 E1
dann
dar⌣bieten ... § 34(1)
d[a]ran [glauben ... *(an die bezeichnete Sache glauben)* § 34 E1 ‡ daranglauben]
d[a]ran⌣gehen ... § 34(1) ‡ daran gehen
darauf [ausgehen, gehen, eingehen, kommen § 34 E1], *aber* drauf⌣legen ...
daraus
darben
d[a]rein⌣**setzen** ... § 34(1) ‡ darein setzen
darin [sitzen ... § 34 E1, *aber* drinsitzen ... § 34(1)]
Darlehen, Darlehn
Darling
Darm
da[r]nieder⌣liegen ... § 34(1)
Darts
d[a]rüber [fahren ... § 34 E1, *aber* drüberfahren ... § 34(1)]; darüber hinaus § 39 E2(2.1)
darum [kommen § 34 E1 ‡ darumkommen]
darum⌣kommen ... § 34(1) ‡ darum kommen
darunter [stellen ... § 34 E1, *aber* drunterstellen ...§ 34(1)]
das *(Artikel, Pronomen)* § 58(4) ‡ dass*
dasjenige § 58(4)

dass* *(Konjunktion)* *§ 2, § 4 E2*
✝ das; Dasssatz* *§ 45(4), auch*
dass-Satz* *§ 45(1), § 55(1)*
Dassel‿beule ...
dasselbe *§ 58(4)*
Date
Dativ-e *§ 40(1)*
Datscha, Datsche
Dattel
Datum
Daube
Dauer
dauern
Daumen
Daune
Daus
davon [kommen *§ 34 E1*
✝ davonkommen]
davon‿kommen ... *§ 34(1)*
✝ davon kommen
davor [stellen ... *§ 34 E1*]
dawider [reden *§ 34 E1*
✝ dawiderreden; sein *§ 35*]
dawider‿reden *§ 34(1)* ✝ dawider reden
dazu [gehören ... *§ 34 E1*
✝ dazugehören]
dazu‿gehören *§ 34(1)* ✝ dazu gehören
dazulernen *§ 34(1)*; das Dazulernen
§ 57(2)
dazwischen [rufen *§ 34 E1*
✝ dazwischenrufen]
dazwischen‿rufen ... *§ 34(1)*
✝ dazwischen rufen
de‿chiffrieren ...
De‿konzentration ...
Deadline
Deal
Debakel
Debatte
debil
Debüt
Debütant
Dechant
Deck
Decke
decken
Decoder
De-facto-Anerkennung *§ 44, § 55(1)*
Defätismus
defekt
defensiv
Defilee

Definition
Defizit
Defloration
Defroster
deftig
Degen
Degeneration
dehnen, *aber* denen
Dehnungs-h *§ 40(1), § 55(1)*
Deich
Deichsel
dein(*) *(Personalpronomen)* (zu du)
dein(*) *(Possessivpronomen)* *§ 58(1),*
§ 58(4); Mein und Dein [nicht] unter-
scheiden*, ein Streit über Mein und
Dein* *§ 57(3)*; die Deinen, deinen* (die
Deinigen, deinigen*), das Deine,
deine* (das Deinige, deinige*) *§ 58 E3*
deiner(*) *(zu du)*
deiner‿halben, ...seits *§ 39(1)*
deines‿gleichen, ...teils *§ 39(1)*
deinet‿wegen, ...willen *§ 39(1)*
Deismus
Dejeuner
Deka‿gramm ...
Dekade
dekadent
Dekadenz
Dekan
Deklamation
Deklaration
deklassieren
Deklination
Deko‿stoff ...
Dekolleté *s.* Dekolletee
Dekolletee*, *auch* Dekolleté
Dekor
Dekret
Delegation
delektieren
Delfin* *s.* Delphin
delikat
Delikt
Delinquent
Delirium
deliziös
Delle
delogieren
Delphin, *auch* Delfin
delphisch
Delta
dem

Anmerkungen

[1] Dies und die folgenden Zitate aus Drewitz/Reuter (Hg.) 1973.

[2] Frankfurter Allgemeine Zeitung 25. 2. 1993, Leserbrief.

[3] Süddeutsche Zeitung 27. 9. 95.

[4] Diesen Übergang haben die Nationalsozialisten durchgesetzt. In manchen Darstellungen wird diese etwas peinliche Tatsache vornehm umschrieben, so etwa in einem noch zu DDR-Zeiten erschienenen Buch: „Noch bis zum Anfang der vierziger Jahre unseres Jahrhunderts war die Fraktur die dominierende Schriftart." (Nerius et al. 1989: 218) – Der ebenfalls sehr fortschrittliche Herausgeber der Bertelsmann-Rechtschreibung meint, das Kriegsende habe „zum Glück" verhindert, daß die Reformpläne des Nazi-Ministers Rust Wirklichkeit wurden. Er weiß nicht oder verschweigt, wie sehr diese Pläne mit der gegenwärtigen Reform und mit seinen eigenen weitergehenden Vorstellungen übereinstimmten.

[5] Munske 1993: 132.

[6] Die Kleinschreibung der Substantive wäre entgegen dem ersten Eindruck insofern ein unwesentlicher Eingriff, als sie die alphabetische Reihenfolge der Einträge in Wörterbüchern, Katalogen usw. unberührt läßt. Das ist bei der jetzt geplanten Reform bekanntlich ganz anders.

[7] Zabel in Augst et al. (Hg.) 1997: 12.

[8] "Stellungnahme zu den Unruhen bezüglich der Umsetzung der neuen Rechtschreibregelung in Deutschland", S. 3.

[9] Zabel 1995: 135.

[10] Die Presseinformation ist abgedruckt in Zabel 1996: 227. Die eigentlichen Änderungsvorschläge umfassen rund zwei Schreibmaschinenseiten (davon zehn Zeilen für die Getrennt- und Zusammenschreibung) und lassen den Umfang der Reform, geschweige denn ihre Probleme nicht im entferntesten ahnen. An Selbstlob fehlt es hingegen nicht.

[11] Strunk 1992: 313.

[12] Süddeutsche Zeitung 20. 1. 1993.

[13] Gallmann/Sitta 1996: 19. In ihrer „Stellungnahme" werden sie

noch deutlicher: „Was wir brauchen, sind Regeln, die die Menschen verstehen, die für sie gemacht sind, an denen sie sich orientieren können. Das Regelwerk ist ein juristischer Text, an dem man das nicht kann." Nach August (1997: 380 u. ö.) jedoch gehört das Regelwerk zur Textsorte „Erlaß" und richtet sich an jeden, der die Pflichtschulzeit absolviert hat.

[14] "Stellungnahme zu den Unruhen bezüglich der Umsetzung der neuen Rechtschreibregelung in Deutschland". Darüber später mehr.

[15] Zabel in August et al. (Hg.) 1997: 153; vgl. auch Zabel 1996. Die Vorstellung, ein einziger Augenblick mangelnder Geistesgegenwart des bayerischen Kultusministers während eines „Spiegel"-Gesprächs könne derart gewaltige Folgen gehabt haben, ist schwer nachzuvollziehen.

[16] Vgl. auch Baurmann 1989: 7.

[17] Nach Zabel 1997: 58 waren es allerdings nur dreißig.

[18] Offenbar um die „Anhörung" zu einem weltgeschichtlichen Ereignis aufzuwerten, druckt Zabel sowohl in seinem Buch von 1996 als auch in dem Sammelband von August et al. (1997) die Sitzordnung (!) der Teilnehmer ab. So kann nun niemand mehr leugnen, daß die Verwaltungsangestellte Marion Pella und der Professor Gerhard August einander schräg gegenübergesessen haben.

[19] Vgl. August/Strunk in „Muttersprache" 3/1989 und Strunk 1992.

[20] Zit. nach Duden-Informationen S. 11.

[21] Duden-Informationen 1994: 46, Hervorhebung hinzugefügt.

[22] Spiegel 11. 9. 1995.

[23] "Mit wachsender Orientierung an den Differenzierungswünschen der Leser steigen auch die Ansprüche an die Schreiber, sich dies System anzueignen." (Munske 1997: 514)

[24] Vgl. die ausgezeichnete Schrift von Friedrich Roemheld mit dem programmatischen Titel: „Die Schrift ist nicht zum Schreiben da". (Roemheld 1969)

[25] Die Zeit 5. 7. 1996.

[26] Die Zeit 18. 10. 1996.

[27] In Wirklichkeit besteht das gesprochene Wort nicht aus Lauten, die dann durch Buchstaben wiedergegeben werden, sondern man läßt

das Wort aus gerade so vielen Lauten bestehen, wie man Buchstaben braucht, um es eindeutig zu fixieren. Gallmann und Sitta schreiben zwar: „Im Idealfall entspricht einem Laut genau ein Buchstabe, einer Lautverbindung genau eine Buchstabenverbindung." (1996: 62) Ihre weitere Darstellung, daß der Lautverbindung [ai] in *Ameise* genau die Buchstabenverbindung *ei* entspreche, ist aber unrichtig, da die Zeichen a und i nur die **Eckpunkte** einer kontinuierlichen Artikulationsbewegung markieren, die als solche nicht schriftlich wiedergegeben wird.

[28] Genau genommen müßte hier jeweils von „Konsonantenbuchstaben" die Rede sein. Ich vermeide diese schwerfällige Redeweise, wenn Mißverständnisse ausgeschlossen sind.

[29] Kopke 1996: 1085.

[30] Verweise dieser Art beziehen sich auf „Deutsche Rechtschreibung" (s. Literaturverzeichnis).

[31a] Gallmann/Sitta 1996: 63.

[31b] "Stellungnahme zu den Unruhen bezüglich der Umsetzung der neuen Rechtschreibregelung in Deutschland", S. 6.

[32] Wegen des Doppelkonsonanten nach kurzem, aber unbetontem Vokal ist *nummerieren* übrigens eine neue Ausnahme und sollte unter § 5 (2) angeführt werden. *Numerieren* war regelkonform.

[33] Z. B. Schaeder und Gallmann in Augst et al. (Hg.) 1997: 202 bzw. 226 über „Anglizismen". Diese Sonderbestimmungen über englische Fremdwörter gehören zu den geheimen Zusatzregeln, von denen ich oben gesprochen habe.

[34] Mentrup 1993: 78.

[35] Gallmann/Sitta 1996: 78.

[36] Deutsche Rechtschreibung, Vorwort 2.2.

[37] Auch Horst H. Munske spricht von einem „orthographischen Spaß" (1997: 306). Augst hingegen leitet die Anerkennung volksetymologischer Schreibungen vom Demokratiegebot ab (Augst et al. [Hg.] 1997: 124f.)! Allerdings gehören zur Demokratie auch Mehrheitsentscheidungen, so daß in Zukunft bei jedem Wort darüber abzustimmen wäre, was die Mehrheit sich dabei denkt, und danach wäre dann zu schreiben.

[38] Häcker/Häcker-Oßwald: Neue Schreibung leicht gelernt. Klett Verlag Stuttgart 1996.

[39] Eichler 1996: 157.

[40] Zur Neuregelung 1989: 142.

[41] Gallmann/Sitta 1996: 87.

[42] Vgl. bereits „Zur Neuregelung" 1989: 218.

[43] Drach 1940. – Zum folgenden vergleiche man den im Anhang abgedruckten Auszug aus dem amtlichen Regelwerk.

[44] Mentrup 1968: 134; ähnlich Duden Bd. 9: 786.

[45] So die Süddeutsche Zeitung am 25. 11. 94 in einer ersten Stellungnahme zur Wiener Konferenz.

[46] In beschränktem Umfang sind die Verbzusätze allerdings erweiterbar, und das führt zur Aufhebung der genannten Bedingungen sowie zur Getrenntschreibung: *Kannst du mich dann mit zur Gießerei nehmen?* (Wolfgang Hilbig: Unterm Neumond. Frankfurt 1982: 99)

[47] Bertelsmann hat sich dieser Deutung erst in späteren Auflagen, also doch wohl nach einigem Besinnen angeschlossen. Der Vorsitzende der zwischenstaatlichen Rechtschreibkommission, Gerhard Augst, behauptet jedoch, niemand, der seinen gesunden Verstand beisammen habe, könne aus § 34 die Getrenntschreibung von *wiedersehen* ableiten. (Gespräch mit dem Verfasser am 8. 4. 1997.) Demnach sind in den angesehensten Wörterbuchredaktionen Deutschlands nur Schwachköpfe am Werk – ein beunruhigender Gedanke.

[48] Darauf hat Hans Krieger unter dem Titel „Verwechslungsgefahr. Eine Reform und ihre Umsetzung" die gebührende Antwort erteilt (Bayerische Staatszeitung 7. 3. 1997).

[49] "Stellungnahme zu den Unruhen bezüglich der Umsetzung der neuen Rechtschreibregelung in Deutschland" S. 4.

[50] Süddeutsche Zeitung 15. 11. 1996.

[51] Gallmann/Sitta 1997: 95.

[52] Auch Gallmann kann damit nichts anfangen (in Augst [Hg.] 1997).

[53] Bis in die sechziger Jahre konnte man an sämtlichen Autobahn-Rastplätzen das Schild sehen: *Rastplatz bitte sauber halten.* Seither

wurden sie allesamt ersetzt durch Schilder mit der dudenkonformen Aufschrift: *Rastplatz bitte sauberhalten.* Wird demnächst die nochmalige Ersetzung durch Rückkehr zur alten, nunmehr vorschriftsmäßigen Fassung erforderlich sein?

[54] Ich spreche hier der Einfachheit halber von „Wörtern", obwohl es sich eigentlich um „Lexeme", d. h. Wörterbucheinträge handelt, die eben auch aus mehr als einem Wort bestehen können.

[55] Eisenberg 1995: 5.

[56] Sitta 1994: 37.

[57] Mentrup 1968: 132.

[58] Dückert/Kempcke 1984: 201.

[59] Gallmann/Sitta 1996: 48.

[60] Gallmann/Sitta 1996a: 48.

[61] Gallmann/Sitta 1996: 111.

[62] Vgl. den im Anhang abgedruckten § 36 aus dem amtlichen Regelwerk.

[63] Ich verkenne nicht, daß man eher von einem *rötlichen Gelb* als von einem *roten Gelb* sprechen kann; das ist aber eine Folge der Wortbedeutung und kein struktureller Unterschied.

[64] Gallmann/Sitta 1996: 102; vgl. auch dies. 1996a: 126. Auch Schaeder (1997) versucht unter akrobatischen Verrenkungen, die fatalen Folgen der von ihm verantworteten Getrenntschreibungsregeln abzuwenden, aber vergeblich! Die Regeln sind gerade hier leider nur zu eindeutig. (Dazu meine Besprechung des von Augst u. a. herausgegebenen Sammelbandes in „Muttersprache" 1997 [im Druck].)

[65] Gallmann/Sitta 1996a: 130, wo sich noch der Hinweis findet, daß dies nicht im Regelwerk stehe, sondern nur aus dem Wörterverzeichnis rekonstruierbar sei und im übrigen der bisherigen Regelung entspreche. Vgl. auch Gallman/Sitta 1996: 102.

[66] Gallmann/Sitta 1996a: 313.

[67] Die grammatischen Tatsachen sind seit langem bekannt, vgl.: „Im allgemeinen fällt prädikativer Gebrauch mit Verlust des verbalen Charakters zusammen". (Hermann Paul: Deutsche Grammatik Bd. IV, Halle 1920: 74) Ferner: „Im allgemeinen wird das erste Partizip nicht prädikativ gebraucht (also nicht: *Sie ist diskutierend*)." (Duden Bd. 9: 236)

[68] Welche Gründe es gibt, ein Wort substantivverdächtig zu finden, hat Peter Gallmann (1997) sehr übersichtlich dargelegt.

[69] Nerius et al. 1989: 172.

[70] Nach einer älteren Etymologie bezieht sich diese Redensart eigentlich auf ein *Schiffchen* (in niederdeutscher, später mißverstandener Aussprache).

[71] Gallmann/Sitta 1996: 121; 1996a: 151. Ähnlich in der Dudenbroschüre (Informationen ...) S. 29.

[72] Gallmann/Sitta 1996a: 313.

[73] Seit März 1997 wiederholt sich diese Situation mit umgekehrtem Vorzeichen: Die Reformer möchten die Regeln gern ändern, dürfen aber nicht.

[74] Zit. nach Munske 1995: 134.

[75] In: Die Rechtschreibung ... 1985: 164.

[76] Roemheld 1969: 23.

[77] In: Augst/Schaeder (Hg.) 1991: 270; das Handbuch Gallmann/Sitta (1996: 133) scheint davon nichts mehr zu wissen.

[78] Gallmann/Sitta 1996: 127; ebenso 1996a: 158f.; vgl. auch Duden 1996, R 47!

[79] Gallmann/Sitta1996: 117.

[80] Munske 1997: 398.

[81] Gallmann/Sitta 1996: 189. Vgl. auch Gallmann 1997.

[82] Munske (1997: 169) unterscheidet zwei Arten von Digraphen: solche aus zwei gleichen Zeichen (*mm*, *ff*) und solche aus verschiedenen Zeichen (*ch*, *ie*). Er zählt *ck* ohne Umstände zur zweiten Gruppe; man kann es aber mit mehr Recht zur ersten schlagen, denn *c* und *k* sind in gewisser Hinsicht nur Varianten voneinander, was man bei *ch* oder *ie* nicht sagen kann.

[83] Mentrup 1993: 8.

[84] Nach Heller/Scharnhorst in Augst et al. (Hg.): 279. Nach Angabe von Augst/Schaeder (ebd. 75) sind es 20.000.

[85] *Selbständig* ist die ältere, direkt vom Stamm *selb-* gebildete Nebenform und keineswegs „auf eine Ausspracheerleichterung zurückzuführen", wie Gallmann und Sitta (1996a: 79 und 305) meinen. Ähnliche sprachgeschichtliche Irrtümer kolportieren die Wörterbücher:

„Die bisherige Regelung – Tilgung des zweiten (!) -st- – wird aufgehoben." (Bertelsmann) Hier war nie etwas getilgt worden, schon gar nicht das zweite (!) st.

[86] Die Reform sorgt sich ja auch nicht darum, ob die Rechtschreibwörterbücher z. B. einen Eintrag wie *Hyponym* aufnehmen oder nicht, sondern nur darum, wie es geschrieben wird, **wenn** man es schreiben will. Aus anderen Gründen fehl am Platz sind ausdrückliche Unterscheidungen wie *Pendant* ≠ *Pedant*.

[87] Einzelheiten findet man in meiner Besprechung (Zeitschrift für Dialektologie und Linguistik 1997 [im Druck]).

[88] Munske 1997: 398.

[89] Bünting 1996: 1428.

[90] AZ 9.10.1996.

[91] Die Öffentlichkeit hat den Text durch meinen Leserbrief in der Süddeutschen Zeitung vom 22. 3. 1997 kennengelernt. Die Empörung über das „Mogeldiktat" entsprach den Erwartungen.

[92] Überhaupt ist die vielbeklagte „Rigidität" der Dudenregeln mehr hinein- als herausinterpretiert.

[93] Eisenberg 1996: 3.

[94] Sprachdienst 38 (1993): 115.

[95] Zabel 1996: 118ff.

[96] Eichler 1996: 13.

[97] Ebd. 17.

[98] Augst et al. (Hg.) 1997: 47 u. ö.

[99] Die Absicht bestand schon länger, vgl. Internationaler Arbeitskreis für Orthographie (Hg.) 1992: 218.

[100] Strunk 1992: 77.

[101] Zabel 1996: 182.

[102] Forschung & Lehre 1996: 660

[103] Kopke 1996: 1087.

[104] Zabel 1996: 378.

[105] Schulbuchverlage, die nicht dem leisesten Wink aus den Kultusministerien gehorchen, können nicht mehr mit Zulassung ihrer Bücher rechnen. Dieser rechtlose Zustand ist ein Ärgernis, dessen sich die Juristen demnächst annehmen werden.

[106] Gallmann/Sitta 1996: 68.

[107] Süddeutsche Zeitung 19. 2. 1997, Beilage zur Rechtschreibreform. – Diese „Dortmunder Erklärung" hat die Form eines offenen Briefes an den Präsidenten der KMK und ist zusammen mit dem Begleitschreiben einer der devotesten Texte, die je in Deutschland an die Obrigkeit gerichtet wurden.

[108] Zabel in Sprachdienst 1/95: 18.

[109] Gallmann/Sitta 1996a: 272.

[110] Gallmann/Sitta 1996a: 243.

[111] Zitiert nach Kopke, Wolfgang: „Rechtschreibreform auf dem Erlaßwege?" Juristenzeitung 18 (1995): 874-880, hier S. 875.

[112] Gallmann/Sitta 1996: 88.

[113] Anders Marell in „Germanisten" Jg. 1, 1996: 23.

[114] W. Mentrup in: Die Rechtschreibung des Deutschen und ihre Neuregelung. Düsseldorf 1985: 39.

[115] Vorlage für die Wiener Konferenz im Mai 1990, abgedruckt in OBST (Osnabrücker Beiträge zur Sprachtheorie) 44, 1991: 173-187.

[116] Abschlußerklärung zur 2. internationalen Konferenz Wien 1990, abgedruckt in Duden-Informationen S. 10.

[117] G. Augst/G. Stickel am 9. 10. 1995 an die Ministerpräsidenten der deutschen Länder, abgedruckt bei Zabel 1996: 302.

[118] Erziehung und Wissenschaft 1/1997: 21.

[119] Süddeutsche Zeitung 17. 10. 1996.

[120] Brief an die Ministerpräsidenten vom 9.10.1995, abgedruckt bei Zabel 1996: 304.

[121] Augst 1979, zit. nach Küppers 1984: 56.

[122] Nerius et al. 1989: 261.

[123] Muttersprache 102 (1992): 82f.

[124] Zabel 1996: 409.

[125] Vgl. die Kritik Horst H. Munskes (1997: 155) an der Unterstellung „nationaler Widerborstigkeit" durch die Propagandisten der Kleinschreibung.

[126] Bayerischer Landtag, Plenarprotokoll 13/31, S. 2225.

[127] Gallmann/Sitta 1996: 9.

[128] "Stellungnahme ...." S. 3.

[129] Lutz Götze im Bertelsmann-Wörterbuch „Die neue deutsche Rechtschreibung", Gütersloh 1996.

[130] Handreichungen 1996: 9.

[131] Gallmann/Sitta 1996: 8.

[132] Augst et al. (Hg.) 1997.

[133] Gallmann/Sitta 1996: 87.

[134] Zabel 1996: 378.

[135] Der Minister tadelte den Duden, weil dieser die Worttrennung *ext-ra* vorsieht (Spiegel 41/1996 sowie Presseberichte vom 7. 10. 1996). Genau dies ist aber nach § 108 der amtlichen Regeln richtig. Man sieht daraus, wie schwer die neuen Regeln in allen ihren Konsequenzen zu begreifen sind, und man erkennt leider auch, daß es Kultusminister gibt, die einer so weitreichenden Reform zugestimmt haben, ohne sie zu kennen. Nach einem Schreiben der Pressestelle seines Ministeriums vom 14. 10. 1996, als Reaktion auf meinen F.A.Z.-Beitrag vom 12. 10. 1996, hat der Minister zwar nur beanstandet, daß der Duden die Trennung *ext-ra* **als einzige** ausgebe, während Bertelsmann solche Eigenmächtigkeit nicht übe. In Wirklichkeit ist es aber gerade der Duden, der durch rot gedruckten Verweis auf die Regel den Zugang zu weiteren Trennmöglichkeiten eröffnet, während Bertelsmann seine Trennung (*ex-tra*) ohne jeden Verweis als einzig mögliche ausgibt! – Die lächerliche Episode ist hier etwas breiter dargestellt, damit der Leser sich ein Bild vom Falschspiel der interessierten Kreise machen kann.

[136] "Die Zeit" vom 22. 9. 1996.

[137] Gallmann/Sitta 1996: 187 (zum Thema „Schrägstrich").

[138] Bertelsmann 1996: 26.

[139] Mentrup 1968: 189.

[140] Augst/Stock 1997: 128.

Literatur

Amtsblatt des Bayerischen Staatsministeriums für Unterricht, Kultus, Wissenschaft und Kunst. Teil 1, Sondernummer 1: Regelwerk zur deutschen Rechtschreibung. München 31.7.1996.

Augst, Gerhard et al. (Hg.) (1997): Zur Neuregelung der deutschen Orthographie. Begründung und Kritik. Tübingen. (RGL 179)

Augst, Gerhard/Schaeder, Burkhard (1997): „Die Architektur des amtlichen Regelwerks Deutsche Rechtschreibung". In: Augst et al.: 73-91.

Augst, Gerhard/Stock, Eberhard (1997): „Laut-Buchstaben-Zuordnung". In: Augst et al. (Hg.): 113-134.

Baurmann, Jürgen (1989): „Geschriebene sprache und orthographie. Bericht über eine fachtagung zur neuregelung der deutschen rechtschreibung". Mitteilungen des Deutschen Germanistenverbandes. 36. Jg. H. 3: 3-7.

Bertelsmann (1996): Die neue deutsche Rechtschreibung. Verfaßt von Ursula Hermann, völlig neu bearb. u. erw. von Prof. Dr. Lutz Götze. Mit einem Geleitwort von Dr. Klaus Heller. Gütersloh.

Bünting, Karl-Dieter (1996): Deutsches Wörterbuch. (Vertrieb: u.a. Aldi)

Deutsche Rechtschreibung. Regeln und Wörterverzeichnis. Text der amtlichen Regelung. (1996). Tübingen.

Die Rechtschreibung und ihre Neuregelung. (1985) Hg. von der Kommission für Rechtschreibfragen des Instituts für deutsche Sprache, Mannheim. Düsseldorf.

Drach, Erich (1940): Grundgedanken der deutschen Satzlehre. 3. Aufl. Frankfurt. (Nachdruck Darmstadt 1993)

Drewitz, Ingeborg/Reuter, Ernst (Hg.) (1974): vernünftiger schreiben. reform der rechtschreibung. Frankfurt.

Dückert, Joachim/Kempcke, Günter (Hg.) (1984): Wörterbuch der Sprachschwierigkeiten. Leipzig.

Duden (1985): Richtiges und gutes Deutsch. Mannheim.

Internationaler Arbeitskreis für Orthographie (Hg.) (1992): Deutsche Rechtschreibung. Vorschläge zu ihrer Neuregelung. Tübingen.

Internationaler Arbeitskreis für Orthographie (Hg.) (1995): Deutsche Rechtschreibung. Regeln und Wörterverzeichnis. Vorlage für die amtliche Regelung. Tübingen.

Kopke, Wolfgang (1996): „Die verfassungswidrige Rechtschreibreform". Neue Juristische Wochenschrift. 49. Jg. H. 17: 1081-1087.

Küppers, Hans-Georg (1984): Orthographiereform und Öffentlichkeit. Düsseldorf.

Mentrup, Wolfgang (1968): Die Regeln der deutschen Rechtschreibung. Mannheim. (Duden Taschenbuch 3)

Mentrup, Wolfgang (1993): Wo liegt eigentlich der Fehler? Zur Rechtschreibreform und zu ihren Hintergründen. Stuttgart.

Munske, Horst Haider (1992): „Läßt sich die Trennung von ck am Zeilenende reformieren?". Sprachwissenschaft 17: 37-44. Auch in Munske (1997a): 167-175.

Munske, Horst Haider (1993): „Läßt sich die deutsche Orthographie überhaupt reformieren?" In: Sprachgeschichte und Sprachkritik. Festschrift für Peter von Polenz zum 65. Geburtstag. Berlin, New York: 129-156. Auch in Munske (1997a): 177-205.

Munske, Horst Haider (1995) „Zur Verteidigung der deutschen Orthographie: die Groß- und Kleinschreibung". Sprachwissenschaft 20: 278-322. Auch in Munske (1997a): 233-279.

Munske, Horst Haider (1997): „Über den Sinn der Groß- und Kleinschreibung – ein Alternativvorschlag zur Neuregelung". In: Augst et al. (Hg.): 397-417.

Munske, Horst Haider (1997a): Orthographie als Sprachkultur. Frankfurt u. a.

Nerius, Dieter et al. (1989): Deutsche Orthographie. 2., durchges. Aufl. Leipzig.

Nerius, Dieter (1996): Die Neuregelung der deutschen Rechtschreibung. Mit Hinweisen für den Unterricht von Hartmut Küttel. Berlin.

Roemheld, Friedrich (1969): Die Schrift ist nicht zum Schreiben da. Vom Wesen der deutschen Rechtschreiblehre. Eschwege.

Sitta, Horst/Gallmann, Peter (1996): „Stellungnahme zu den Unruhen bezüglich der Umsetzung der neuen Rechtschreibregelung in Deutschland". (Brief an Christian Schmid, Schweizerische Konferenz der kantonalen Erziehungsdirektoren sowie – ohne Vor- und Nachspann und mit etwas anderer Paginierung – von der Dudenredaktion verbreitetes Papier)

Sprachreport. Extraausgabe Juli 1996. Herausgegeben vom Institut für deutsche Sprache Mannheim.

Strunk, Hiltraud (1992): Stuttgarter und Wiesbadener Empfehlungen. Entstehungsgeschichte und politisch-institutionelle Innenansichten gescheiterter Rechtschreibreformversuche von 1950-1965. Frankfurt.

Zabel, Hermann (1995): „Die 3. Wiener Gespräche zur Neuregelung der deutschen Rechtschreibung im Spiegel der Presse". Muttersprache 105: 119-140.

Zabel, Hermann (1996): Keine Wüteriche am Werk. Berichte und Dokumente zur Neuregelung der deutschen Rechtschreibung. Hagen.

Zabel, Hermann (1997): „Der internationale Arbeitskreis für Orthographie". In: Augst et al. (Hg.): 49-66.

Zur Neuregelung der deutschen Rechtschreibung. Hg. von der Kommission für Rechtschreibfragen des Instituts für deutsche Sprache, Mannheim. Düsseldorf. 1989. (Sprache der Gegenwart; 77)

Stephanus Peil

DIE WÖRTERLISTE

Seitenweise Listen mit Beispielen für die
Widersprüchlichkeit der sog. „Rechtschreibreform"

Aus dem Inhalt: Zusammen- und Getrenntschreibung; Verschwommener
Unterschied Adjektiv und Substantiv; Verarmung der Sprache wegen
bevorzugter Getrenntschreibung; Groß- und Kleinschreibung; Worttrennung am Zeilenende; Ableitungen; Doppelschreibungen; Fremdwörter;
Kommasetzung; Beseitigung von Wörtern.

32 Seiten, kart. DM 2,-
ISBN 3-931155-07-2

Alexander Siegner (Hrsg.)

RECHTSCHREIBREFORM AUF DEM PRÜFSTAND

Mit Beiträgen von Reiner Kunze, Stephanus Peil,
Theodor Ickler u.a.

Die Zusammenstellung von Siegner gibt einen Überblick über die
gravierenden Mängel der sogenannten „Rechtschreibreform": Eine
Stellungnahme der Initiatoren der Volksinitiativen und Volksbegehren in den verschiedenen Bundesländern, die Ergebnisse der
bisherigen Meinungsumfragen zur Rechtschreibreform, die Rede
von Reiner Kunze „Wege aus der Rechtschreibkrise", einen kurzen Auszug aus der Peilschen Wörterliste, Zeitungsartikel, und ein
Vergleich von Schreibweisen der verschiedenen Wörterbücher. Im
Anschluß entwickelt Theodor Ickler seine grundlegende Kritik der
Rechtschreibreform, die für uns keinerlei Erleichterung bringt,
sondern nur die Einheitlichkeit unserer Rechtschreibung zerstören
würde, mithin den Namen „Reform" gar nicht verdient.

56 Seiten, kart. DM 4,-
ISBN 3-931155-08-0